GUIA DE MEDITAÇÃO CRISTÃ PARA INICIANTES

UMA JORNADA AO CORAÇÃO DO DIVINO

GUIA DE MEDITAÇÃO CRISTÃ PARA INICIANTES

Uma jornada ao coração do Divino Taylor Remington

GUIA DE MEDITAÇÃO CRISTÃ PARA INICIANTES - Uma jornada ao coração do Divino Taylor Remington

Copyright © 2020 Rooakh

www.rooakh.com

Publicado por Seraph Creative

Primeira Edição

ISBN 978-1-922428-79-0

Meditação cristã, espiritualidade cristã, misticismo, transformação, contemplação, crescimento pessoal, oração.

Nenhuma parte deste livro pode ser reproduzida, armazenada em sistema de recuperação ou transmitida de qualquer forma ou por qualquer meio, eletrônico, mecânico, fotocópia, gravação ou outro, exceto para breve citação em revisão impressa sem permissão prévia do detentor dos direitos autorais.

Citações bíblicas traduzidas da New American Standard Bible, salvo quando está indicado.

Arte da capa por Taylor Remington

Typesetting & Layout por Feline

www.felinegraphics.com

ÍNDICE

Prefácio	7
Introdução	11
Olhando para frente	19
Novas Inter-Realidades	23
Fundamentos da Meditação	29
A Língua Hebraica e o Contexto Bíblico para Meditação	35
Contexto de Meditação dos primeiros cristãos	45
Introdução ao Sensorium & ao Corpo	51
O Início da Vida de Atenção Plena e a Oração de Centramento	59
O Sensorium de Imagens	65
Ec-Stasis Apofático	77
Estar Presente com a Presença	83
Respiração	91
Considerações Finais	95
Notas Finais	108
Sobre o Autor	103
Sobre Seraph Creative	105

*Dedicado a minha maravilhosa esposa
e melhor amiga, Megan.*

Muito mais jornadas nos esperam.

PREFÁCIO

De todos os alunos que começaram comigo alguns anos depois que cheguei a Venice, Califórnia, Taylor e sua agora esposa Megan estão entre os praticantes mais persistentes e estudiosos. Taylor, o autor deste livro, é um autêntico praticante e estudante dos mistérios. Este livro serve como uma introdução à meditação de uma perspectiva cristã e, ainda assim, é útil para qualquer pessoa de qualquer formação que esteja interessada no desenvolvimento da mente, do corpo e da alma. A obra estabelece e delineia estruturas e processos de mediação fáceis de seguir, mas profundamente espirituais. Não é fácil escrever um livro que seja academicamente completo e espiritualmente pessoal em qualquer época. Taylor conseguiu fazê-lo nos capítulos seguintes, que são de fato bem pesquisados e bem apresentados. Do início ao fim, ele descreve para o iniciante ideias históricas e teóricas básicas que informam a mediação intercalada com experiências espirituais autênticas provenientes do próprio poço interior do autor. Taylor não estudou apenas espiritualidade, ele experimentou e vivenciou. Este trabalho, como resultado, é uma integração de várias práticas.

Como podemos captar o vento veloz dos movimentos dos flashes de luz mais rápidos do reino do espírito? Ou melhor, como nos tornamos disponíveis para que suas ondas nos varram em suas correntes etéreas? Essas correntes chamativas que dançam passando pela periferia de nossas mentes tão ocupadas ... como podemos estabilizá-las e usá-las como uma porta para a paisagem interior do espírito? A resposta é por meio da meditação. Muito poucos de nós são dotados com a capacidade nativa de prender a atenção naquele reino. Mesmo aqueles que têm esse dom, natural, devem aprender a manter essas experiências firmes, extraindo de sua beleza e às vezes do terror de tal forma que saem do outro lado e essas experiências se tornam um caleidoscópio de espectros maravilhosos de luz divina. Todos devem aprender, e a melhor maneira de aprender é por meio da prática da meditação. A maioria dos iniciantes e mesmo veteranos frequentemente se pergunta sobre a fauna da consciência e outros reinos sem se apegar à autotransformação. Às vezes, tudo o que é necessário é orientação para entrar e sustentar o buscador por meio de práticas até que se possa encontrar o caminho para seu próprio jardim. Este livro sobre meditação, acredito, fará isso. Taylor produziu um trabalho que pode ajudar tanto o novato quanto o veterano em sua jornada. Este é um livro necessário e, graças a Deus, também é muito bem escrito e articulado. Recomendo este livro com gratidão a Deus. Será uma bênção para quem o ler com atenção.

Adonijah O. Ogbonnaya, Ph.D
Venice, California 2020

A Ecologia do Céu é como um grão de mostarda, que um humano pegou e semeou em seu campo, que de fato é o menor de todas as sementes; mas quando cresce, é a maior entre as ervas e torna-se uma árvore, de modo que as aves do céu vêm e alojar-se nos seus galhos."

Mateus 13:31-32

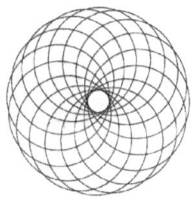

INTRODUÇÃO

Minha jornada nas práticas de meditação começou há cerca de oito anos, e foi a partir das experiências e do aprendizado durante esse tempo que este livro surgiu. Ele foi formado a partir do meu desejo de ver indivíduos e comunidades no Cristianismo explorando e praticando a meditação, a fim de despertar para realidades mais profundas de nossa união espiritual com Cristo. Quase uma década atrás, comecei a explorar minhas raízes judaicas e experimentar várias técnicas judaicas prescritas e ensinadas por meu professor e mentor Adonijah Ogbonnaya PhD., um teólogo e místico judeu-cristão nigeriano. Implementando e praticando tais processos, comecei a notar as sutilezas da conexão mente-corpo, que desempenham um grande papel na maneira como podemos acessar certos mundos espirituais em estados transpessoais de consciência.

Conforme o tempo passou e minha prática se aprofundou, procurei técnicas cristãs, de diferentes épocas nos últimos dois milênios, que pude usar e integrar. Durante esta pesquisa, encontrei histórias úteis e exemplos de métodos, mas havia poucos recursos sobre "como fazer", de uma prática adequada para não monásticos. Com a ajuda do Espírito, fui capaz de experimentar e refinar técnicas e metodologias e descobri por tentativa e erro que elas tinham um efeito intensificador em minhas experiências espirituais. Este livro está repleto de ferramentas fundamentais que usei e continuo a usar a fim de buscar o Espírito Santo, para despertar a realidade da minha união com Cristo e para mover-me para metamundos e sistemas com a intenção de "trazer o céu para a terra." Essas técnicas levaram e continuam a me levar a experimentar vários estados trans-somáticos, [ii] estados extáticos de união, palavras de conhecimento, percepções proféticas, transformações do coração, equilíbrio emocional e somático, restauração relacional e muito mais.

Uma das chaves para este tipo de prática espiritual, que aprendi, é manter o coração e a mente focados na presença do Espírito Santo, que brota dentro como uma fonte. Aqui dentro, encontramos a porta de entrada para a água viva que sustenta e dá vida à Alma. Vivenciei esse portal há algum tempo no meio da noite, quando acordei e senti uma presença energética na sala. Deitei na cama e comecei minha prática de chamar a atenção para a minha respiração e engajar o foco na presença que sentia ao meu redor. Depois de um curto período, ouvi uma voz dizer: "Levante-se e ande". Naquele momento, experimentei algo como no filme Doutor Estranho, quando Stephen Strange é empurrado para fora de seu corpo pelo professor e me vi flutuando e completamente fora de mim. Isso não estava na minha imaginação ou na minha mente de qualquer forma - eu estava completamente fora de mim mesmo e 100% desperto, consciente, lúcido e atento. Não foi um estado de sonho ou sonho lúcido, mas uma experiência fora do corpo. Agora, devo destacar que quando isso aconteceu, eu estava visitando um local onde nunca tinha estado antes e cheguei tarde da noite, então não tinha visto o que estava fora ou ao redor da área. Quando olhei para cima, vi Jesus de pé e brilhando em uma luz radiante pura e ele disse: "Siga-me. Eu tenho algo para te mostrar." Enquanto ele caminhava pela parede para o lado de fora, eu o segui através da parede onde vi o jardim "externo". As várias plantas que eu estava vendo enquanto flutuava na área do jardim não eram apenas coloridas e vibrantes sob o ambiente iluminado pela lua, mas o lado de fora das folhas estava cheio de uma luz dourada pulsante de outro mundo. Enquanto descíamos flutuando, ele me levou a uma fonte no meio do jardim e me disse: "Beba". Eu flutuei para baixo, me ajoelhei e peguei minhas mãos espirituais, coloquei a água em concha e tomei um gole; no momento do meu gole, instantaneamente voltei para o meu corpo. Na manhã seguinte, levantei-me e o mundo exterior que nunca tinha visto antes era quase idêntico ao que tinha visto fora de mim - exceto pelas folhas douradas brilhantes. A única grande diferença era que a fonte não estava lá fisicamente, mas era um componente espiritual sobreposto ao mundo em que eu estava.

Por meio dessa experiência, aprendi que beber continuamente da presença leva alguém a experimentar uma comunhão mais profunda com Cristo que não só traz a natureza transformadora de Cristo em nosso interior, mas também leva a vários estados de consciência que permitem o acesso a mundos dimensionais de Presença divina. No entanto, aprendi rapidamente que beber da presença nem sempre era uma tarefa simples porque minha mente se distraía facilmente. A chave para tudo isso se resume ao foco ou ao olhar. Assim, as técnicas neste livro são para ajudá-lo a ajustar sua mente a fim de realçar e sensibilizar seu olhar sobre a presença de Cristo em seu interior.

Não desanime se nada acontecer imediatamente. Passei por longas temporadas em que era muito difícil para mim me concentrar, ou simplesmente não estava tendo nada de profundo acontecendo. Mas quando as coisas começaram a se abrir novamente espiritualmente, pude ver como os processos que eu continuava a praticar nas estações secas estavam me levando e me preparando para o que eu estava prestes a despertar em seguida. Então, anime-se - saiba que esta é uma jornada, um processo para o coração do Divino. Como Abraão, somos nômades. Nossa casa está na realidade de nos tornarmos, crescermos e seguirmos a vida e o movimento do Espírito. E esses processos são parte dessa jornada que nos traz cada vez mais perto de um despertar contínuo da presença Divina dentro de nós.

À medida que avançamos em nossas jornadas, descobrimos agora que um novo mundo está sobre nós, à medida que avançamos em uma nova era de prática espiritual cristã e sua participação emergente com o Espírito Divino. Este livro visa estabelecer as bases para algumas práticas que levarão a uma maior comunhão com o Espírito. Todavia, explicarei alguns termos chave usados ao longo deste livro, antes de me aprofundar em tais métodos de meditação, práticas espirituais, e imaginação.

Em primeiro lugar, refiro-me a Deus em seu caráter coletivo unificado como "o Divino" nas páginas seguintes. Sua etimologia se inclina para o que é caracteristicamente manifestado pelos mais elevados ideais do Espírito. A atividade ou energia do Divino eu chamo de "Espírito". Ele transmite o movimento e a vida da Trindade que interpenetra toda a criação e sua inter-relacionalidade que atrai todas as atividades para momentos fluentes de unificação e restauração amorosa.[iii] Tento evitar usar o nome "Deus" não porque não acredito na palavra, mas sim porque "Deus", em nosso entendimento tradicional dessa palavra, faz referência a apenas um aspecto do Divino. Dependendo de como alguém aborda sua etimologia, pode estar relacionado ao "bom" ou "derramar", como derramar uma libação para. Propósitos criativos intencionais destacam outros nomes e, portanto, têm o potencial de ampliar nossa experiência ao ampliar nosso vocabulário ao fazer referência a "Deus".

Em segundo lugar, escolhi usar o termo "Ecologia do Espírito" no lugar da tradução tradicional "Reino de Deus". Não sou de forma alguma contra o uso da palavra "reino" ou mesmo "Reino de Deus", no entanto, meu senso é que há um termo mais significativo para nós hoje que acredito refletir a profundidade do significado que Jesus expressou no Evangelhos. Para entender o raciocínio por trás dessa substituição de palavras, devemos primeiro examinar o termo "eco-logia". A palavra grega ou prefixo eco significa "casa ou ambiente", o que implica uma conexão familiar entre membros de um ambiente compartilhado. Em seguida, o sufixo logia significa "estudo de, x" e é importante notar que logia está relacionado à palavra grega Logos, que significa "Palavra". Isso não significa que devemos trazer à mente a Bíblia escrita, mas antes o contexto no qual o Evangelho de João chama Jesus de Logos; isto se refere àquilo que dá estrutura e forma a toda vida. É a mente ou consciência do Espírito que se manifesta para produzir diferença e multiplicidade, permitindo que se façam distinções, assim "Todas as coisas foram feitas por intermédio dele, e à parte dele nada do que foi feito se fez. " Simplificando, sempre que você vê a palavra "ecologia" neste livro, ela se refere ao processo ambiental, criativo e amoroso do Word-Logos.

Essa terminologia ecológica traz nossa criação de sentido[iv] simbólico de volta à sua visão relacional de sua nomeação. Por meio de tais mudanças, somos trazidos de volta a uma imagem familiar que reconfigura nossa atenção para o Cosmos e nosso papel redimido com toda a Natureza como coparticipantes, isto é, sermos benfeitores e zeladores desta Criação. Essa ecologia que Jesus, ou em hebraico Yeshua, nos chama a buscar, então, não é uma imagem abstrata ou distante de "governar", mas sim destaca nosso incrível papel no processo de sustentar, produzir e restaurar todas as formas de vida.

Além disso, e propositalmente, a imagem ambiental deste termo realça a declaração de Yeshua em João 3 de que o Espírito é como o vento, a respiração e o ar que se move, molda, cria e preenche o mundo inteiro. Pois assim como o ar que respiramos dá vida ao nosso corpo, a Ecologia do Espírito é a vida de todo o nosso Ser. E assim como o sopro ou o vento são invisíveis, mas seu impacto e ações são vistos através da criação visível, a Ecologia do Espírito se manifesta e torna conhecida a ação do Espírito dentro do mundo, através de nossas ações e dos aspectos abrangentes do Bom, do Verdadeiro, do Belo e do Amor. É assim que a Ecologia do Espírito se torna conhecida.

A palavra "meio ambiente", estou ciente, é provocativamente centrada na terra. Está intencionalmente enraizado simbolicamente em nosso relacionamento com a criação e todos os seus processos nos quais o (s) Céu (s) desempenham seu papel. Certamente não estou dizendo que devemos ignorar o (s) Céu (s) ou negligenciar a busca pela exploração dessas arenas em nossas práticas espirituais - que isso nunca aconteça! Por todos os meios, vamos ascender ou entrar em reinos onde a imanência da presença do Espírito é intensificada. Mas lembre-se: nossas experiências devem se traduzir em maneiras que administrem a vida de todas as pessoas e de toda a criação. Na verdade, os céus e a Terra estão emaranhados na Ecologia do Espírito e não são realidades totalmente separadas, mas sim manifestações imanentes, embora distintas, da criatividade do Espírito (Gênesis 1: 1).

Cada um dos capítulos a seguir neste guia é acompanhado por um breve exercício ou ativação, para o qual eu o encorajo a retornar com frequência e a integrar em suas próprias práticas. Eu recomendo digerir a leitura lentamente e reservar um tempo para cada exercício e ativação, permitindo que eles penetrem em sua mente e corpo. Este livro não deve ser lido em uma hora, mas ao longo do tempo e com aplicação prática. Em termos de conteúdo, o Capítulo Um examina por que as práticas de meditação são de importância central para o avanço da prática cristã. O Capítulo Dois considera a qualidade de ser que emerge por meio da prática meditacional, enquanto o Capítulo Três fornece uma breve visão geral do que a meditação acarreta e revela alguns dos benefícios fisiológicos para seu uso. A seguir, o Capítulo Quatro explora as maneiras pelas quais os antigos israelitas praticavam meditação, enquanto o Capítulo Cinco apresenta uma visão geral resumida dos processos históricos das práticas de meditação dos primeiros cristãos. O Capítulo Seis discute as maneiras pelas quais nossos corpos se tornam antenas espirituais na meditação. O Capítulo Sete fornece uma introdução à prática (completa) da mente e oração de centramento, e o Capítulo Oito elucida como o sensorium da imagem - o lugar onde a mente "vê" - opera. Os Capítulos Nove e Dez investigam o processo apofático da ascensão mística e as maneiras pelas quais podemos centrar nosso olhar na Presença, respectivamente, e o Capítulo Onze apresenta uma breve visão geral da respiração e seu papel em nossa prática de meditação. Por fim, o Capítulo Doze inclui meus pensamentos finais e encorajamentos de despedida.

Portanto, amigos, sejamos transformados por nossas buscas místicas em Cristo e sua alegria sempre crescente, mas não esqueçamos que Cristo nos chamou para buscar a Ecologia do Espírito. Isso não é para o mero prazer das experiências celestiais, mas para transformar o mundo em sua própria versão ou visão criativa que ouve os arredores do (s) Céu (s). À medida que nos envolvemos no mundo da meditação cristã e nos aspectos das tecnologias espirituais nos capítulos seguintes, não nos esqueçamos de que nossa união com Cristo que surge por meio de nossas práticas levará inevitavelmente às transformações de nossas vidas, tanto locais quanto cósmicas.

*"E o Divino disse à alma:
Eu te desejei antes que o mundo começasse.
Eu desejo você agora
Como você me deseja.
E onde os desejos dos dois se unem
Lá o amor se aperfeiçoa."*

- Mechthild of Magdeburg

1

OLHANDO PARA FRENTE

Muitos na igreja estão perguntando: "Por que tantos jovens (ou pessoas em geral) estão deixando a igreja? Quando / como eles vão voltar? Como podemos envolver aqueles que estão saindo?" Parte do problema para a igreja hoje é que a maioria dos humanos com menos de trinta e cinco anos, e muitos outros de todas as faixas etárias, não estão mais aceitando cegamente as ideias restritivas de vida no nível do subconsciente coletivo. À medida que o ser humano está sendo transformado pelo Espírito de glória em glória, antigos sistemas de teologia e entretenimento baseados em velhos odres de vinho não estão se incorporando bem à psique humana emergente e, como resultado, a maioria das instituições ou igrejas que defendem essas ideais não vão mais ver o retorno dos seus participantes. Então, no que essas novas mentes estão interessadas? Entre muitas coisas, eles estão interessados em espiritualidades inclusivas, ideias que desenvolvam compaixão pelo meio ambiente e práticas que possibilitem experiências pessoais do Espírito imanente.

As velhas táticas de medo que teriam mantido muitos nos bancos da igreja estão perdendo o controle à medida que mais pessoas agora têm acesso às raízes históricas dessas doutrinas e podem pesquisar por si mesmas. Se o medo não funcionar mais, então o que funcionará? Talvez devêssemos considerar uma revolução mística que está enraizada na compaixão, no amor, na inclusão e nas dimensões participativas da prática, que é o cerne sumativo do trabalho que você tem em suas mãos. Não podemos simplesmente ficar na frente da igreja por horas a fio e ensinar sem parar. Devemos nos envolver tanto na participação comunitária quanto na administrada individualmente, para que possamos entrar na experiência palpável da Ecologia do Espírito. A partir deste lugar, podemos começar a convidar outros para a realidade participativa de ser um cristão, isto é, de fluir e participar do fluxo Divino da unidade.

As ideias dos odres anteriores que se baseiam em valores estáticos e não participativos permitiram interpretações superficiais da mensagem e da vida de Jesus e produziram uma igreja de espetáculos baseados em entretenimento, que inevitavelmente quebrarão. Em vez de sermos entretidos por aqueles que estão com o microfone, estamos nos movendo para participar da realidade espiritual e seu desdobramento em cada uma de nossas vidas. Esta mudança irá, entre muitas outras coisas, reintroduzir aos cristãos buscadores diferentes tipos de práticas de meditação e contemplativas, bem como um refinamento da prática e operação dos dons do Espírito. Em um nível, essa participação mais profunda nos dons do Espírito nos permite familiarizar-nos com as atividades transpessoais e visuais da mente. Isso inevitavelmente levará a perguntas, buscas e críticas. Parece o processo que Jesus descreve repetidamente! Nem sempre será bonito, como poucos processos são, mas há algo emergindo rapidamente dentro de nós que está nos empurrando para além de nossos limites e convenções confortáveis. Convido você a estar disposto a inovar, estar aberto a mudanças e a aceitar o mistério à medida que nos aproximamos de uma nova época de modalidades participativas e experienciais juntos.

Em suma, este pequeno livro foi escrito para ajudá-lo em sua jornada para a dimensão participativa da meditação cristã e prática espiritual. Espero que ajude a guiá-lo na prática e talvez a dar compreensão a algumas das muitas questões que surgem quando alguém começa a ter experiências místicas. Ao mesmo tempo, também espero que isso crie mais perguntas no processo que as respostas são descobertas. Esta breve introdução não pretende ser uma visão geral do misticismo cristão ou da teologia mística cristã, de forma alguma, mas antes um guia para ajudá-lo a se situar em relação aos fundamentos da meditação cristã. Ao não nos concentrarmos na oração suplicante ou baseada no desejo como o meio principal de meditação, podemos abrir espaço e começar a prática de várias técnicas que permitem que a pessoa flua em união com Cristo em seu interior. Como uma bênção, que você seja cada vez mais transformado no amor do Divino com o propósito de continuamente reimaginar o humano e sua relação com todos em Cristo.

" E não vos conformeis com este mundo, mas transformai-vos pela renovação do vosso entendimento, para que experimenteis qual é essa boa, agradável e harmoniosa vontade do Espírito."

Romanos 12:2

2

NOVAS INTER-REALIDADES

O corpo natural, de acordo com as tradições de algumas comunidades judaicas místicas, desdobra-se a partir de pelo menos quarenta componentes ou nós de dobra espacial, que formam uma projeção de doze ou dezesseis dimensões que revela o mundo físico em nosso espaço tridimensional. [vi] Pode-se pensar deles como quarenta pontos de luz que refratam a fim de produzir um mundo holográfico, mas muito real. A partir desta experiência incorporada, a mente molda e é moldada pela vestimenta da realidade como experimentada dentro do mundo do espaço-tempo. Cada plano ou mundo é incrivelmente fino. No entanto, a mente como espaço infinito permite que a construção de qualquer plano dado se desdobre dentro de seus certos padrões de construção, e dentro desse mundo a fisicalidade é real. É sentido, visto, ouvido e experimentado fundamentalmente, como até mesmo em um sonho, mas ainda uma parte da mente.

A mente é fundamentalmente atraída e se comporta de acordo com certas leis e condições para "permanecer" dentro desta dimensão. Por meio da meditação, do sono e dos estados alterados em geral, entretanto, essas leis podem se dobrar ou quebrar, o que permite que a pessoa experimente realidades ou mundos alternativos ou condições de ser. Isso não quer dizer que se deva ignorar este mundo ou buscar sua fuga para deixar todas as criaturas para trás. Em vez disso, deve-se buscar um recondicionamento harmonioso da própria natureza, a fim de transformar, curar e entregar percepções às criaturas em seu mundo. O livro de Filipenses e de Hebreus afirmam que Jesus se esvaziou de Sua natureza de Deus para assumir o ser humano - em outras palavras, Jesus assumiu a condição consciente de habitar e experimentar este mundo em sua forma atual.[vii] E quando ele caminhou entre nós, Ele não nos deixou imediatamente, mas antes nos apresentou ações comportamentais prescritivas e demonstrativas que iriam transformar nosso mundo. Ele incrustou totalmente Sua marca neste mundo, mesmo depois de Sua ressurreição. É essa mesma noção que devemos lembrar quando buscamos e entramos em experiências místicas. Eles não são apenas para nosso prazer, mas para o aprimoramento de todo o cosmos. Cada inseto, rocha, abelha, flor, planta, animal e vizinho se beneficia de nossa transformação e despertar.

A questão surge então ... como começar? Por onde começar? Essa resposta é simples: "Buscai primeiro a Ecologia do Espírito e todas essas coisas vos serão acrescentadas." Onde se deve buscar este domínio ecológico? Novamente, a resposta é simples: "A Ecologia do Divino está dentro de você." A jornada se dá primeiro na esfera do coração, como destaca o subtítulo desta obra. Devemos buscar e descobrir o que alguém é e perder tudo que bloqueia o caminho para a liberdade na Ecologia do Espírito. A planta para a descoberta ou os pré-requisitos para iniciar este trabalho ecológico não podem ser encontrados dentro de uma lista de doutrinas ou orações mágicas, mas sim se manifestam através de uma qualidade de ser, que é bastante simples:

Ainda que eu fale as línguas dos homens e dos anjos, se não tiver amor, serei como o sino que ressoa ou como o prato que retine. Ainda que eu tenha o dom de profecia, saiba todos os mistérios e todo o conhecimento e tenha uma fé capaz de mover montanhas, se não tiver amor, nada serei. Ainda que eu dê aos pobres tudo o que possuo e entregue o meu corpo para ser queimado, se não tiver amor, nada disso me valerá. (1 Coríntios 13:1-3 NVI)

Mas o fruto do Espírito é: amor, alegria, paz, longanimidade, benignidade, bondade, fidelidade, mansidão, domínio próprio. (Gálatas 5:22 NAA)

Essas qualidades não devem ser criadas ou projetadas à força dentro de nós, nem devemos rotular aqueles que têm padrões de comportamento destrutivo como "do lado de fora". Em vez disso, cada um deve-se ser fundamentalmente paciente, bom e gentil consigo mesmo e com os outros nesta jornada. Ninguém "entende" imediatamente. Esta é nossa vida de jornada, processamento e transformação com o Espírito. Com isso em mente, o legalismo e o comportamentalismo podem ser completamente dissolvidos na vida daqueles que buscam a Ecologia do Espírito. Pois, uma vez que estamos presentes em todos, devemos buscar libertar os outros do sofrimento por meio de qualquer tipo de harmonia, compaixão, amor e generosidade, na medida em que formos capazes. A carta aos Gálatas descreve isso como "carregar os fardos uns dos outros" (Gálatas 6: 2). Isso não significa que todos devam ser assistentes sociais ou viver em um mosteiro, mas sim todos devemos almejar ajustar a condição do mundo através dos menores atos de amor, de acordo com o grau e dom que se possa. Com o tempo, essa atitude transformadora e praticada posiciona o coração para buscar um fluxo perpétuo de dar, para os outros, servir, ensinar, curar e gastar tempo. Há uma quantidade infinita de maneiras pelas quais essa explosão de energia altruísta pode surgir. Na verdade, isso pode ser visto na amamentação de uma mãe, no ensino de um pai ou na partilha com o próximo. Devemos ter o cuidado de não fazer caracterizações estáticas do que consideramos espiritual ou "sagrado", mas, em vez disso, buscar o que é benéfico e vivificante. A partir desse lugar, as atividades da Ecologia do Espírito são infinitas.

Por último, não apenas as *atividades* são infinitas, mas também as *personas* ou as expressões pessoais. A diversidade de caracterizações potenciais deve ser buscada, encorajada e celebrada. Alguns indivíduos serão moderados, enquanto outros serão cheios de energia, zelo e entusiasmo. Haverá extrovertidos, introvertidos e em todos os lugares intermediários. Todas as diferenciações que vemos dentro do mundo entre a população humana nos parâmetros de amor e harmonia são apenas reflexos pessoais das possíveis expressões e manifestações do Divino.

À medida que os aspectos ou qualidades da alma[viii] começam a emergir através da atividade do Espírito que flui, transforma e recondiciona o ser, a pessoa é levada a um perpétuo êxtase, isto é, está constantemente sendo deslocada para fora de si mesma. Este processo de nova infusão reimagina o potencial humano tanto em um sentido individual quanto coletivo. Essa base de amor é essencial para as práticas e técnicas discutidas nas páginas a seguir.

NOVAS INTER-REALIDADES

"Permaneça em Mim, e EU SOU em você. Assim como o ramo não pode dar fruto por si mesmo, a menos que permaneça na videira, assim também vocês não podem, a menos que permaneçam em mim.

EU SOU a videira, vocês são os ramos; aquele que permanece no EU SOU e Eu nele, esse dá muito fruto, pois sem o EU SOU você não pode fazer nada."

João 15:4-5

3

FUNDAMENTOS DA MEDITAÇÃO

Quando você pensa sobre meditação, o que vem primeiro à sua mente? Você imaginou um homem sentado e cantando? Sua mente estava em branco? Você pensou em freiras cantando e entoando hinos? Meditação é um termo que cobre uma ampla gama de práticas e mentalidades para a vida. A verdade é que tudo o que é feito intencionalmente com foco e energia consciente é um tipo de meditação. A meditação não é um processo de adormecer, mas sim aquele em que nos tornamos mais despertos ou sintonizados com nós mesmos em Cristo. Portanto, até mesmo caminhar, comer, respirar, alongar-se, trabalhar ou qualquer coisa feita em um espírito de plena vigília e vigilância é um tipo de meditação. Há alguns que assumem que o objetivo da meditação é "esvaziar" a mente. Embora haja momentos em que se deva limpar a mente, nunca a "esvazia" de verdade. Isto é importante notar, entretanto, que quando a limpeza da mente ocorre, pode-se preenchê-la com a Presença. Mais uma vez, o objetivo não é esvaziar, mas concentrar-se intencionalmente ou trazer o seu ser para um lugar de paz. E, como discutiremos ao longo deste livro, a meditação é muito mais variada e complexa do que a simples ideia de que se trata de "esvaziar" a mente.

Então, qual é o propósito da meditação? A meditação leva o ser a um modo em que se torna sensível à atividade da presença Divina. Embora a pessoa possa não ser inicialmente "sensível" a essa presença, a prática da meditação lentamente transforma e sintoniza novamente os sentidos para ser capaz de perceber e sentir a presença Divina. Quando esta presença Divina é sentida dentro de seu ser, deve-se continuamente focar ou manter sua atenção sobre essa presença por tanto tempo quanto for capaz. Dentro desta prática de focar seu ser na Presença, a pessoa começa a entrar em um aspecto permanente de comunhão. Nesta dimensão alternativa de comunhão, o pão e o vinho tornam-se a própria energia da presença Divina que está se atualizando através da consciência focada. A energia do Espírito Santo move e muda os vários aspectos da mente, do coração e dos corpos sutis, a fim de colocá-los em um lugar de harmonia e integridade.

Em termos práticos, a meditação também tem muitos benefícios bem documentados. Desde a década de 1970, vários estudos têm sido realizados para explorar os impactos somáticos e psicológicos de vários tipos de meditação.[ix] O que foi descoberto ao longo dos anos é que há uma série de benefícios à saúde que são produzidos, estimulados e mantidos por meio de a prática da meditação sentada. Esses benefícios incluem impactos positivos na pressão arterial, câncer, [x] hipertensão[xi] e na facilidade da dor crônica[xii]. Além disso, ajuda a fortalecer o sistema imunológico para se defender contra resfriados e gripes.[xiii]

Além dos benefícios somáticos, há também muitos benefícios psicológicos positivos que incluem melhor concentração e atenção, melhor memória e inteligência, melhor sono, bem como diminuição da ansiedade, estresse e depressão.[xiv] Todos esses estudos mostraram que pessoas que meditam constantemente são mais felizes, mais contentes [xv] e, como resultado, têm vidas mais longas e saudáveis.[xvi] O que se pode concluir desta pesquisa é que a jornada e integração da meditação na vida do ser Humano pelo mundo apenas começou.[xvii] Existem, é claro, outras culturas e regiões do mundo onde a prática da meditação já está enraizada e integrada na comunidade em geral e tem estado assim por séculos, senão milênios. Embora para muitas áreas do globo, como o Ocidente anglo-saxão moderno, várias práticas de meditação estão sendo notadas e estudadas novamente por seus benefícios à saúde, tanto físicos quanto psicológicos. Como resultado, eles estão se tornando cada vez mais integrados à vida cotidiana daqueles que buscam suas capacidades transformadoras.

À medida que avança neste livro, você verá vários exercícios no final de cada capítulo. Recomendo enfaticamente que você reserve um tempo para participar de cada prática, pois tais práticas são o cerne deste livro. Sempre que você perceber que um dos exercícios exige sentar e relaxar, recomendo o seguinte:

Encontre um lugar que você possa voltar cada vez que meditar, a fim de criar uma espécie de espaço sagrado onde você vive. Isso ajuda a trazê-lo de volta ao fluxo de sua prática cada vez que você se senta. Além disso, se você está se sentindo estressado, sabe que pode voltar a este lugar a qualquer momento para trazer uma sensação de relaxamento para a alma e o corpo, muito parecido com o "quarto de oração" que Jesus descreve em Mateus 6: 6.

- Se estiver sentado, mantenha as costas retas. É melhor usar uma cadeira que permita que você sente-se direito, mas ainda seja confortável. O ideal é que você tenha os pés apoiados no chão enquanto se senta na cadeira. Ao sentar-se ereto, você está abrindo meridianos elétricos e vasos sanguíneos em seu corpo que ajudam a relaxar, curar, restaurar e rejuvenescer. Se você decidir deitar, certifique-se de que suas costas estejam retas ao se deitar.

- Certifique-se de não cruzar as pernas ou os braços. Se sentir frio, fique confortável, coloque um moletom ou um cobertor sobre as pernas. É importante não ficar com braços ou pernas cruzados, para manter uma postura de abertura para o seu sistema.

- Se preferir sentar no chão, certifique-se de que suas costas estejam retas e que, novamente, você se encontre em uma posição confortável. Para iniciantes, eu recomendo pegar um travesseiro ou tapete acolchoado para sentar. Isso ajudará a não ficar focado no desconforto que está sentindo, mas permitirá que a prática entre no fluxo.

- Mais uma vez, fique confortável! Se você precisar se mover um pouco enquanto está sentado, um pequeno ajuste aqui ou ali, tudo bem! Ouça seu corpo.

- É mais do que razoável tocar uma música relaxante de fundo, se isso for algo que o ajude a se concentrar e se acalmar. Não é necessário, mas se isso é algo que ajuda você a se acalmar, vá em frente!

- Se o exercício exige perceber a respiração ou tem algum tipo de trabalho respiratório, recomendo inspirar pelo nariz e expirar pela boca ou nariz. Ao inspirar, tente inspirar primeiro pela barriga e para cima pelo peito, de modo a levantar todo o diafragma. Dessa forma, você não está inspirando apenas com os pulmões, mas usando todo o diafragma para respirar, o que ajuda a energizar os órgãos que existem na barriga e na parte inferior do diafragma.

Até agora, vimos que existem muitos benefícios da meditação para a saúde corporal e mental, bem como dicas práticas para uma meditação eficaz. Além disso, existem, é claro, aspectos espirituais dinâmicos que ajudam a treinar a si mesmo para contornar o "ego" e liberar o Espírito e seu trabalho em nossas vidas. Essas realidades espirituais podem ser expressas nas seguintes questões, que eu encorajo você a ponderar:

Quem sou eu?

Quem é o Divino?

Como posso transformar meu coração? Como posso me tornar menos egoísta?

Como posso entrar em sintonia e em vibração com a Ecologia do Céu?

Como posso conhecer verdadeiramente a Vida de Cristo dentro de mim?

O que Cristo em mim se sente?

Qual é a sensação de ter o Espírito fluindo em, ao redor e através de mim?

Como posso manifestar a imagem de Cristo em minha vida cotidiana?

Exercício de abertura: 10 minutos

Sente-se em silêncio por um momento e pergunte a si mesmo uma das perguntas listadas acima ou uma pergunta sua. Eu recomendo começando com os dois primeiros. Quem sou eu? Quem é o Divino? Qual é o meu propósito na prática de meditação? Observe suas respostas. Seja gentil e compassivo consigo mesmo. Não há respostas certas ou erradas. Suas respostas estão revelando as profundezas de seu ser e as estruturas que são criadas dentro de você. Ao concluir, no entanto, algum tempo depois, diga a si mesmo e ao Espírito Santo "obrigado". Volte para este exercício todos os meses, uma vez que não se destina a ser um exercício único. Isso deve se tornar um ritual [xviii], disciplina ou "prática" do tipo que pode ser realizada de tempo em tempo.

*"mas YHVH mas YHVH
não estava no fogo.
E depois do fogo veio
uma voz mansa e
delicada
[respiração]."*
1 Reis 19:11-12

*"Ouve, ó Israel! YHVH nosso Elohim,
YHVH é um!
Amarás YHVH teu Elohim com todo o
teu coração e com toda a tua alma e
com todas as suas forças.".*
Deuteronômio 6:4-5

4

A LÍNGUA HEBRAICA E O CONTEXTO BÍBLICO PARA MEDITAÇÃO

Antes de considerar as bases linguísticas e bíblicas da meditação, devemos observar que a maioria das ideais bíblicas da prática espiritual se enquadra no título de "oração". Elas podem ser expressas de várias maneiras, como aquelas que invocam os Nomes Divinos em todo o Saltério ou alguém colocando a cabeça entre os joelhos para induzir certo estado como Elias no Carmelo (1 Reis 18:42). Por causa de nossos ideais religiosos e da maneira como eram ensinados ou treinados em nossas práticas cristãs, a muitos de nós nunca foram mostradas as várias dimensões ou práticas espirituais que faziam parte da antiga tradição israelita (e mais tarde judaica) da qual o cristianismo surgiu. Lembre-se de que Jesus e seus primeiros seguidores eram judeus e assim permaneceram. Ao trazer nossa atenção para os idiomas da

Bíblia - hebraico e grego - bem como para as heranças culturais nela contidas, ampliamos nossa gama de experiências com o Espírito e trazemos consciência para as tradições, práticas e técnicas às quais estamos conectados. Muitas das descrições de tais práticas foram perdidas no processo de contextualização das Escrituras e, como resultado, a maioria das práticas espirituais preservadas no Protestantismo [xix] tornou-se uma forma de súplica.

Muitas pessoas falam sobre o misticismo ou espiritualidade judaica no contexto da meditação, e é essencial lembrar que estamos lidando com uma longa história de ideais, práticas, metodologias e técnicas conhecidas e perdidas ao longo de um período de três mil anos ou mais. Dentro deste vasto intervalo cronológico, temos pelo menos cinco eras ou períodos principais que contribuem para as práticas que foram preservadas dentro do contexto religioso judaico hoje, especialmente no que diz respeito aos impactos das práticas de meditação e espirituais. A primeira Era a dos antigos israelitas, que existia antes e inclui o período do Primeiro Templo, ou templo de Salomão (aproximadamente 2.000 AEC - 586 AEC). A segunda Era começa com a construção do Segundo Templo, suas renovações sob Herodes, e termina com sua destruição, daí o chamado período do Segundo Templo (aproximadamente 516 aC - 70 dC). A terceira Era é aquela das primeiras e médias eras rabínicas (100 DC - 800 DC); o quarto é o período medieval (800 DC - 1500 DC) que surgiu na Europa Ocidental e no norte da África; e a quinta Era destaca um dos auges do misticismo judaico no norte da Palestina nos séculos 16 e 17, bem como o movimento Hassídico do nordeste da Europa no século 18. Cada Era carrega consigo uma tradição ou corrente mística que incorpora uma variedade de técnicas e metodologias para acessar os reinos Divinos e estados alterados.

Onde podemos voltar no tempo com segurança e dizer que várias técnicas de meditação estavam sendo usadas pelos israelitas aproximadamente começa por volta do dia 8 e Séculos 7 aC. Em primeiro lugar, com base nos textos bíblicos e no suporte histórico corolário, parece haver escolas proféticas durante este tempo que ensinavam os profetas em treinamento a entrar em estados de transe para produzir a "palavra do Senhor". Em segundo lugar, agora sobrepondo-se ao período do Segundo Templo, as escapadas visionárias de Isaías, Ezequiel e Daniel mostram que os estados de transe não eram usados apenas para evocar uma palavra divina, mas também para atravessar mundos, dimensões e reinos. O que é evidentemente claro a partir dos textos é que os israelitas e a comunidade judaica estavam interessados nas palavras divinas pertencentes à nação como um todo e ao coletivo "Nós". A maioria das declarações proféticas e viagens visionárias preservadas dentro do contexto judaico estavam preocupadas com o povo como um todo. Não possuímos manuais ou textos que delineiam claramente a ascensão mística. Em vez disso, temos as declarações proféticas do que aparentemente emergiu desses estados de transe. É difícil dizer o que exatamente os antigos israelitas estavam praticando porque a maior parte dessa informação foi perdida, mas certamente há especulação de que algumas das técnicas ou práticas foram secretamente transmitidas verbalmente de mestre para aluno ao longo de muitos séculos. Isso, pelo menos em nosso momento atual, não é demonstrável por nenhuma evidência direta e ainda está em processo de descoberta e iluminação contínuas por arqueólogos e historiadores.

A próxima seção utiliza uma espécie de arqueologia filológica por meio da qual podemos começar a construir uma imagem de algumas técnicas ou práticas que foram incorporadas às escrituras que temos hoje. Na Bíblia Hebraica, existem três palavras que são frequentemente traduzidas como "meditar": Hagah (הגה), Siyach (שיח) e Hitbonen (התבונן.)

Em primeiro lugar, Hagah também pode ser traduzido como "contemplar" ou entendido como alguém que concentra sua mente por meio da fala ou do ruído. Por exemplo: "Que as palavras da minha boca e a meditação (hagayon) do meu coração sejam aceitáveis a ti, ó Deus" (Salmo 19:15). Também pode ser visto como uma espécie de arrulho, murmúrio ou ruminação de ruídos ou fala que alguém faz enquanto está cantando os nomes Divinos, como visto a seguir: "Em Seu Nome eu levanto minhas mãos ... e medito (hagah) sobre ti nas vigílias da noite "(Salmo 63: 5,6)," arrulharei (hagah) como uma pomba "(Isaías 38:14), e" Como um leão e um filhote rosnam (hagah) sobre seus presa "(Isaías 31: 4). O que vemos de Hagah e seu uso nos Salmos é uma espécie de mantra-meditação que encoraja o leitor a focar seus pensamentos no Divino em seus atributos e nomes por meio da fala ou do som, a fim de alterar seu estado de consciência e manter um foco contínuo no Espírito.

Além disso, esta palavra contém a ideia de purificação ou limpeza: "Remova (hagah) a escória da prata... remova os ímpios de diante do rei" (Provérbios 25: 4,5). Essa purificação ou limpeza pode ser semelhante à ideia de que alguém está levando sua mente a um lugar de tranquilidade e descanso para que o Espírito possa emergir dentro de você. No processo de ruminação sobre um atributo ou nome Divino, a pessoa começa a limpar a impureza em seu coração-mente que aloca a consciência para o Espírito. E, finalmente, é importante notar que esta raiz de Hagah também está relacionada a uma palavra semelhante que significa "leme". Pode-se deduzir dessa relação linguística que por meio da meditação do tipo Hagah, ou a prática de ruminar e focar nos aspectos do Divino, pode-se dirigir o coração de modo que ele não mais vagueie sem rumo no vasto mar da mente inconsciente, em vez disso chega a uma quietude aquosa que reflete a luz Divina.

O segundo exemplo de uma palavra frequentemente traduzida como "meditar" é Siyach. Meditação semelhante a Siyach é o ato ou processo de estar atento, ou estar totalmente ciente das atividades do Espírito Divino. Essas atividades podem ser a eventual manifestação das obras e criações do Divino ou dentro da atração da vontade Divina. Praticar Siyach é sintonizar o coração com a atividade do Espírito enquanto ele o informa de seu trabalho. Por exemplo, o Salmo 77:13 afirma: "Medito (hagah) em todas as tuas obras, e nos teus planos medito (siyach)." E o Salmo 119: 27 diz: "Deixa-me compreender o caminho dos Teus mistérios, meditarei (siyach) nas Tuas maravilhas". Como mencionado, a meditação Siyach é destinada a sentir a gentil persuasão, atração e movimento do Divino que contém a Vontade ou visão ideal do Espírito. Ruminar esses aspectos é ruminar dentro do domínio do horizonte de eventos em que o Espírito flui continuamente através dos processos abertos e criativos de todos os mundos. Uma maneira pela qual isso pode ser simplesmente praticado é perguntando ao Espírito: como é uma visão harmoniosa da minha vida? Depois de receber algum tipo de impressão, imagem ou sentimento sobre isso, ruminar sobre a imagem e / ou sentimento. Sinta, deixe-a aprofundar. Focalize sua mente na realidade visual que o Espírito trouxe a você por pelo menos 15 minutos. Não a deixe simplesmente passar pelo seu sistema; deixe-a se tornar um aspecto sobre o qual você pondera por muitas horas.

O terceiro exemplo é Hitbonen, que muitas vezes é traduzido como "olhar para", "compreender" ou mesmo "contemplar". Os seguintes exemplos bíblicos mostram a gama de possibilidades desta palavra:

"Fiz aliança com os meus olhos;
Como então eu poderia olhar para uma virgem?" (Jó 31:1)

"Eu até prestei muita atenção em você;
De fato, ninguém refutou Jó..." (Jó 32:12)

"Ouve isto, ó Jó; pare e considere as maravilhas de Deus". (Jó 37:14)

"Os sábios prestem atenção a estas coisas,
e considerai o amor leal do Senhor". (Salmo 107:43)

"Os ímpios estão à espreita para me destruir, mas eu considero seus decretos.

Eu vi um limite para toda perfeição, mas seu mandamento é extremamente amplo". (Salmo 119:95-96)

Cada uma dessas passagens alude à prática de direcionar a mente de tal maneira que a compreensão começa a emergir através do foco da mente em um aspecto do Divino. É por isso que Hitbonen é traduzido como "contemplar" em muitas traduções, pois a ação de Hitbonen é ativa e desenvolve o processo de envolver ativamente o foco sobre a natureza e as ações do Divino. Portanto, em uma dimensão de sua prática, ele pode estar vendo uma árvore e percebendo a estética de sua beleza e como ela reflete as realidades ocultas do Espírito. Ou isso poderia até ser ruminar sobre a jornada processual de transformação que alguém teve em sua vida com o Espírito. Como veremos na próxima seção de contemplação, Hitbonen também é catafático, ou seja, uma prática afirmativa e muitas vezes baseada em imagens, em que a pessoa se ancora em uma imagem para se inserir nessa experiência. Uma maneira de praticar este método é imaginar e reimaginar uma história bíblica em sua mente repetidamente, até que uma resposta sentida ou baseada em imagem comece a surgir.[xx]

Semelhante à meditação Hitbonen, mas encontrada dentro da tradição cristã, estão as muitas igrejas ortodoxas que usam imagens ou criação de ícones para meditar e despertar a alma para o Espírito. Para aqueles na tradição protestante, trabalhar sem imagens ou centrar-se em uma realidade apofática de adoração tem sido seu modo de adoração herdado desde o início do protestantismo no século 16. Se você já esteve em uma Igreja Ortodoxa, uma das primeiras coisas que você notará são os vários ícones ou imagens nas paredes. Para aqueles que vêm de uma origem protestante, pode ser bastante surpreendente ou até mesmo uma forma de "adoração a ídolos". Mas, para nossos irmãos e irmãs na tradição ortodoxa, esses ícones são vistos como portais sagrados para o Espírito Divino, ou mesmo para a vida daquele santo em particular ou cena bíblica, brilhar na atmosfera de seu quarto ou igreja.

Essas tradições catafáticas sustentam que tais imagens transmutam energias celestiais em criação.

Um exemplo de como isso se parece em tais comunidades é que alguém pode pegar um ícone de Jesus Cristo e focar sua mente nele, isto é, observar, sentir e observar todas as sensações que surgem ao observar o ícone. Por haver um foco tão intenso na imagem, muitas comunidades ortodoxas recomendam que o ícone seja abençoado por um padre antes de se envolver com a imagem, daí porque os artistas dentro dessas tradições têm diretrizes rígidas e certos protocolos espirituais a seguir. Mais uma vez, essas imagens não estão sendo adoradas, mas destinadas a serem utilizadas como janelas para envolver a *energia* Divina ou energia por trás delas. Outras formas de prática cristã serão discutidas em breve.

O que consideramos até agora na tradição bíblica são ações e práticas, que levam aquele que medita a se tornar consciente de onde a mente está, no que ela está focando e para onde pode ser direcionada, bem como as eventuais descobertas que irão acontecer. Ao realizar essas práticas é melhor estar sentado ou em uma posição em que se possa focar a mente na vida do Espírito, mas esta não é a única forma de meditação.

Existem também outros tipos ativos de meditação que ocorrem na tradição israelita e judaica. De acordo com Aryeh Kaplan, um místico e autor judeu, a "Bíblia declara explicitamente que os profetas usavam cantos e música para atingir estados superiores de consciência". [xxi] Ele especula que os Salmos e outras práticas musicais do antigo Israel não eram tocados para simples entretenimento, mas usados para induzir certos estados para o ouvinte ou praticante. Kaplan afirma: "É significativo notar que outra palavra para canção, Shir (שיר) está intimamente relacionada com a palavra Shur (שור), que significa 'ver'. [xxii] Ele sugere que as palavras para canção e visão estão intimamente relacionadas e, portanto, interconectados em sua função para verdadeiras visões místicas. Isso pode ser exemplificado na história de Saul profetizando entre os profetas logo depois de ser ungido como rei em 1 Samuel 10: 5-11:

'Depois disso, você deve ir para Gibeath-elohim, no lugar onde está a guarnição dos filisteus; lá, ao chegar à cidade, você encontrará um grupo de profetas descendo do santuário com harpa, pandeiro, flauta e lira tocando na frente deles; eles estarão em um frenesi profético. Então o espírito de YHVH irá possuí-lo, e você entrará em um frenesi profético junto com eles e se tornará uma pessoa diferente. Agora, quando estes sinais se encontrarem com você, faça o que achar adequado fazer, pois Deus está com você. E você descerá para Gilgal antes de mim; então descerei a você para apresentar holocaustos e oferecer sacrifícios de bem-estar. Sete dias você deve esperar, até que eu vá até você e lhe mostre o que você deve fazer. 'Quando ele se afastou para deixar Samuel, Deus lhe deu outro coração; e todos esses sinais foram cumpridos naquele dia. Quando iam de lá para Gibeá, um bando de profetas o encontrou; e o espírito de Deus o possuiu, e ele caiu em um frenesi profético junto com eles. Quando todos os que o conheciam antes viram como ele profetizou com os profetas, as pessoas disseram umas às outras: 'O que aconteceu com o filho de Kish? Saul também está entre os profetas? '"

Assim, adoração, louvor, canto e dança, trazem a possibilidade de mudar a mente para se tornar mais consciente do Espírito Divino e seu fluxo interno. O praticante, entretanto, deve estar ciente de onde sua mente está e no que ela está focando durante esses atos. Se você está pensando em almoçar enquanto lidera a adoração, é improvável que você esteja entrando no fluxo Divino, que é realizado por meio do processo de submeter a mente ao Espírito. O ingrediente secreto novamente é encontrado no Salmo 46:10 quando afirma: "Fique quieto e saiba que eu sou Deus".

Conforme mencionado ao longo deste guia, é preciso um pouco de prática para acalmar a mente e se concentrar exclusivamente em sua tarefa. Na verdade, não desanime se descobrir que sua mente ainda está repleta de pensamentos e dispersa, mesmo depois de seis meses de prática. Por meio da consistência e da paciência, você começará a levar sua mente a um estado de tranquilidade, sem necessariamente tentar parar seus pensamentos por completo.

Como vimos, havia muitos tipos possíveis de práticas de meditação entre os antigos israelitas. Eles contêm diferentes tipos de foco e processos intencionais. O que é importante lembrar é que havia diferentes tipos de meditação ocorrendo entre os antigos israelitas que mais tarde encontraram suas expressões únicas no Judaísmo. Se você está procurando um lugar simples para começar, veja a prática abaixo que funciona dentro de um aspecto prático específico da meditação Hagah.

Exercício de meditação Hagah: 10 minutos

Encontre um nome do Divino que fala com você ou você sente atraído no momento. Por exemplo, talvez El Roi, que se traduz como "o Deus que me vê". Você pode fazer isso enquanto sentado quieto ou enquanto cozinha, come, caminha ou lava a louça. Pegue o nome e repita-o indefinidamente novamente em sua mente. Mas cada vez que você diz isso, sinta sua alma e seu corpo, percebendo como seus sistemas respondem ao nome. Esta é a chave - deixe seu coração se abrir em gratidão e amor pelo nome. Sinta. Deixe que penetre cada parte de você. Você pode fazer isso pelo tempo que quiser.

"Mas todos nós, com rostos descobertos, refletindo como um espelho a glória do Espírito, somos

transformando na mesma imagem de glória em glória, como pelo Espírito que dá vida."

2 Coríntios 3:18

"'Mestre, qual é o grande mandamento da Lei?'

E Ele lhe disse: 'Amarás o YHVH teu Elohim de todo o teu coração, e de toda a tua alma, e de todo o teu entendimento.'

Este é o grande e principal mandamento.

O segundo, semelhante a este é: 'Amarás o teu próximo como a ti mesmo'."

Mateus 22:36-39

5

CONTEXTO DE MEDITAÇÃO DOS PRIMEIROS CRISTÃOS

O meio cristão primitivo foi fortemente influenciado pela cultura helenística, incluindo os estóicos, epicureus e os platônicos, cada um dos quais tinha práticas ideais de contemplação ou *theoria*. Esta *theoria* não era simplesmente uma atividade visual, mas aquela em que tudo de como alguém vivia, se comportava e se relacionava com o mundo e a natureza tornou-se a pedra fundamental para viver a prática contemplativa de alguém. Ele precisava ser incorporada para ser real.[xxiii] O aspecto da contemplação conhecido como *theoria* é mencionado uma vez nos Evangelhos em Lucas 23:48, no qual a crucificação é descrita como um espetáculo (theoria). O uso que o Evangelho faz dessa palavra, nesta cena em particular, sugere a ideia de que, a crucificação de Jesus Cristo deve ser um objeto do olhar divino, que tem a capacidade de transformar fundamentalmente a maneira como uma pessoa vive. Essa cena deve ser um momento crucial, para aqueles que assumem a vida de Cristo interiormente.

Escrevendo no início do primeiro século EC, o filósofo judeu conhecido como Filo de Alexandria, que viria a influenciar o Evangelho de João com seu uso do Logos, descreve todas essas atividades do contemplativo em sua comunidade helenístico-judaica:

> "... investigação minuciosa (skepsis), leitura (anagnose), escuta (akroasis), atenção (prosoche), autodomínio (enkrateia), meditação (metletai), prática da indiferença às coisas indiferentes, terapias para as paixões, lembrança de coisas boas, cumprimento de deveres ... [xxiv]

Todas essas atividades foram um meio para um tipo de autorrealização em que o indivíduo se esforçaria para se libertar de seu ego a fim de trazer uma espécie de união com o Bem, o Uno, Deus, o cosmos ou o próprio Ser.[xxv] Essas atividades, conforme registradas por Philo, nunca foram perdidas, mas foram incorporadas às práticas dos primeiros pais e mães da Igreja. Eles foram mais notável e intensamente implementados nas práticas ascéticas dos Pais e Mães do Deserto do século IV na Síria, Egito, Turquia e em outros lugares. Além da lista de Filo, esses praticantes cristãos incorporaram um foco na vida de Jesus Cristo em sua contemplação. Esses monásticos dentro de seu olhar contemplativo estavam ecoando as palavras de Paulo em 2 Coríntios 3:18:

> "E nós, com rostos descobertos refletindo como espelhos o brilho do Divino, todos nos tornamos mais brilhantes à medida que somos transformados naquela imagem (eikon) que refletimos."

A palavra "refletindo" usada neste versículo foi traduzida na Vulgata latina como "contemplando". É pegar nosso foco e mudá-lo, observando a vida de Cristo e seu processo de transformar nosso próprio ser.

Quando começamos a ajustar nossa consciência, nossa sensibilidade ao fluxo do Espírito começa a aumentar, e nossas maneiras de "conhecer" começam a mudar. Mais uma vez, pode-se entender a razão para a contemplação de ícones neste versículo, como uma forma de contemplação praticada pelos Cristãos Ortodoxos.

A contemplação cristã não é meramente uma prática de abstração, sua ênfase é o fluxo da comunhão pessoal. Como mencionado anteriormente, os livros dos Salmos declaram: "Fique quieto e saiba que eu sou Deus." Este Yadah (ידע), ou processo de conhecimento, é aquele em que o leitor é lembrado de ter se reunido em união íntima. Esta palavra é usada em Gênesis para descrever a união entre Adão e Eva, após a qual eles geraram um filho. É claro que não estou tentando sugerir que a união sexual com Deus seja o objetivo, mas sim direcionar a alma para a união divina ou influxo do Espírito que está presente em si mesma. A prática da meditação e da contemplação ajuda a mente e a alma a entrar em repouso, o que permite sentir e reconhecer as realidades da união.

Devemos também nos perguntar onde está nosso foco. É no velho humano, a velha natureza pecaminosa que foi crucificada com Cristo? Ou não estamos agora presentes com o Espírito de Cristo que habita em nós? Tendo o Espírito como objeto de nosso olhar, participamos do processo de purificação de todo o ser. 1 João 3: 3 afirma que, "Todo aquele que tem esta esperança nele, purifica-se a si mesmo, assim como ele é puro." Todas essas atividades participam do processo de metanóia, o ingrediente secreto da transformação corporificada de acordo com Romanos: "Transforme-se, pela renovação (metanóia) de sua mente" (Rom. 12: 2). Arrependimento não é simplesmente pedir desculpas, mas em vez disso, é o processo de mudar toda a atividade mental e a posição de uma pessoa. Isso não pode ser feito sem foco, disciplina, prática e graça. A prática da meditação e da atenção plena treina (metanóia) a mente a fim de reestruturar ou instilar nela a "mente de Cristo".

Em Lucas 10, Yeshua explica que se deve "Amar YHVH seu Elohim com todo o seu coração e com toda a sua alma e com todas as suas forças e com toda a sua mente; e amar o seu próximo como a si mesmo. " Considere esta questão: se sua mente está constantemente distraída e você não consegue ficar parado por mais de 10 segundos, como você pode começar a entrar neste modo de vida meditativo e obstinado que foi prescrito por nosso Mestre? Não é fácil entrar nesta realidade devocional prescrita por Jesus, e é exatamente essa a questão - Ele quer que você experimente! E ao tentar, você começa a observar a si mesmo e a perceber que sua mente está constantemente funcionando, nunca em paz ou sossego. É somente após essa compreensão que você pode se tornar aberto para se transformar em um vaso de paz. A partir desse momento de reconhecimento e entrega, você começa a buscar a Ecologia do Espírito que, com o tempo, começará a manifestar sua presença. Há muitos frutos dessa ecologia que desejamos, seja poder, profecia, cura, palavras de conhecimento e outros milagres. Mas devemos lembrar que o chamado é buscar primeiro a Ecologia do Espírito, então todas essas coisas serão acrescentadas a nós. Pois quando a Ecologia começa a surgir dentro de nós, essas manifestações se tornam um produto do fluxo Divino que habita nossa vida.

Conforme discutido anteriormente a respeito das práticas das comunidades judaicas, das quais, Filo fazia parte, encorajo você a permitir que todas as coisas em sua vida se tornarem uma espécie de meditação. Atenção, aprendizado, investigação, relacionamentos e leitura têm sido partes ativas de minhas práticas de meditação que contribuíram para minhas transformações. Acredite ou não, eu nunca fui o melhor aluno enquanto crescia. Na verdade, eu quase não li e provavelmente só li cerca de cinco livros na minha adolescência. Simplesmente não tinha atenção ou disciplina para sentar e ler. Não foi até cerca de dez anos atrás que comecei a trabalhar em mim espiritualmente e fui capaz de abrir essa parte de mim mesmo. Agora posso sentar e ler algumas centenas de páginas por dia, mas isso não aconteceu durante a noite. As meditações discutidas neste guia desempenharam um papel significativo na mudança de minhas vias neurais, permitiram a resistência e abriram espaço para a absorção de grandes quantidades de informações e conceitos. Portanto, não restrinja o que você acha que a prática de meditação pode envolver! Lembre-se da lista das comunidades judaicas alexandrinas acima e como os vários tipos de atividades contribuem para beneficiar a pessoa como um todo.

Exercício para Buscar a Ecologia do Espírito: 10 minutos

Sente-se em silêncio por cinco minutos. Observe seus pensamentos. Não se associe a eles. Depois de cinco minutos ou quando você começar a sentir que está descansando, pergunte a Jesus em voz alta: "Jesus, como é a Ecologia do Espírito? Qual é a sensação? Guie-me na jornada para sua descoberta. " Agora relaxe por alguns minutos e volte seu coração para conhecer a Ecologia do Espírito. Nada precisa acontecer neste momento. A intenção foi definida e você está mergulhando no reino do silêncio, onde o Espírito irá emergir com o tempo. Se algo ocorrer, seja um sentimento ou uma imagem, apenas observe. Depois que passar ou depois de alguns minutos sentado, respire fundo e diga "obrigado".

"Cristo não tem corpo agora na terra além do seu, nem mãos além dos seus, nem pés além dos seus.

Teus são os olhos através dos quais deves contemplar a compaixão de Cristo para com o mundo;

Seus são os pés com os quais ele deve agir;

Suas são as mãos com as quais ele deve abençoar a humanidade agora."

- Santa Teresa de Ávila.

6

INTRODUÇÃO AO SENSORIUM & AO CORPO

O capítulo seguinte discute o que denominei de "sensorium", que são as faculdades que experimentam as várias sensórias ou sensações. Assim como o nariz funciona com a faculdade de cheirar, um sensorium é um centro onde se percebe um sentido particular. Nossos ouvidos, olhos, nariz, boca e pele fazem parte do sensorium corporal coletivo. Ao discutir assuntos relativos ao sensório da criação de sentido, devemos nos perguntar: "O que é o sentido?" E a partir daí, "O que então pode ser sentido?" É claro que vários períodos da humanidade perceberam ou se relacionaram com o mundo de maneiras totalmente diferentes de como os anglo-europeus modernos o fazem hoje. Alguns especularam, que

isso pode ser devido ao fato, de que eles não eram tão evoluídos ou não tinham desenvolvido suas mentes o suficiente, para criar o tipo de distinções e abstrações que possuímos hoje. Em contraste, sustento a ideia de que várias culturas no mundo da humanidade primitiva - e algumas atualmente até hoje, embora muito poucas - tinham certas faculdades desenvolvidas ou herdadas que facilitaram uma certa relação e experiência do mundo que eram totalmente diferentes daquelas das sociedades modernas. Parte do problema, talvez, da humanidade moderna é que tendemos a pensar que a maioria dos humanos experimentou o ser humano de maneira semelhante em toda a história. Na verdade, a maioria de nós pode reconhecer que existem diferenças culturais e ambientais que desenvolvem várias habitações mentais, mas tendemos a supor que essas diferenças são devidas a uma falta de desenvolvimento ou que os experimentadores estão meramente presos em uma teia de ignorância ingênua. Esquecemos de perguntar sobre suas percepções e experiências subjacentes no mundo, e como elas davam sentido em suas vidas. E se eles literalmente experimentassem a realidade de maneira diferente devido ao fato de que certas faculdades dos sentidos estavam ativas em seu ser?

O primeiro lugar do sensório é dentro do corpo. Sim, o corpo! Aqui sentimos, intuímos, construímos e recebemos informações do Espírito à medida que elas fluem através, dentro e ao nosso redor. Muitos de nós rejeitamos e ignoramos nosso corpo ao longo dos anos e, como resultado, fechamos um dos vasos mais incrivelmente potentes para ouvir e ouvir o Espírito. É aqui, a partir de nosso sensorium físico, que o Espírito, os anjos e as energias podem ser sentidos, vistos e comunicados. Deixe-me colocar em termos muito simples: seu corpo é uma antena para energias e atividades espirituais.

Para começar a compreender o processo do sensorium somático, é preciso primeiro analisar e dissecar a funcionalidade da criação de sentidos dentro de nossos corpos. Devemos primeiro olhar para as faculdades de detecção, uma vez que essas são as ferramentas ou aparelhos pelos quais o processo de detecção ocorre. Esses cinco são o nariz, a boca, as orelhas, os olhos e o sentido do tato. Claro, esses aparelhos são meramente uma coleção de pequenas partes que constroem cada "ferramenta" particular, ou seja, as íris, pupilas, nervos ou córtex visual pré-frontal. Todas essas partes constroem e canalizam coletivamente o processo de "ver" dentro de nossa matriz biológica. Essas partes que constroem coletivamente cada faculdade particular de sentir estão todas ligadas ao sistema nervoso e límbico de nossos corpos, que essencialmente produzem o caráter da arena percebida da realidade objetiva.

Em segundo lugar, além das faculdades de nossa criação biológica de sentido, temos a atividade de sentir a si mesmo. Este é o processo de respir*ar*, sent*ir*, com*er*, cheir*ar* e toc*ar* no qual o sentido é realizado. Essas são as atividades produzidas pelas ferramentas de nosso sensoriamento, pelas quais o dado eventual do que é percebido é realizado ou tornado "real".

Em terceiro lugar, temos o campo informativo daquilo que está sendo sentido, ou o campo daquilo que contém a qualidade daquilo que *será* sentido. Este é, essencialmente, o dado objetivo que inibe as características que os sentidos irão receber. Essas qualidades nunca são inerentes ao objeto em si, mas antes são produzidas por uma infinidade de processos relacionais que, por sua vez, criam o campo informativo que será sentido. Vemos isso na vinificação, por exemplo, em que o sabor de um determinado vinho é produzido por uma série de fatores: os minerais do solo, os tipos de uva (s), o clima e os métodos de produção. Todos esses fatores relacionais produzem o campo informativo para o qual nossas faculdades se direcionam.

O quarto aspecto é a percepção processual ou *experiência* daquilo que está sendo sentido. É o momento em que nossa realidade é sentida e, portanto, inundada e alterada pelo próprio sentido. Tomemos, por exemplo, o processo de degustação. Quando a pessoa não está provando, está experimentando uma realidade que contém a qualidade da esterilidade em sua boca. Normalmente, a experiência da boca "vazia" passa despercebida e nosso paladar é ignorado até que colocamos algo em nossas bocas. No momento em que experimentamos o sabor do objeto que toca nossa língua, nossa experiência da realidade muda.

Vamos de degustação em degustação. E esta última degustação produz uma qualidade de experiência que muda imersivamente na própria experiência. Provar ou ver ou cheirar algo é ter alguém sendo infiltrado, deslocado, informado, movido e totalmente re-caracterizado. O próprio sentido produz a qualidade da experiência de um momento de movimento para o próximo.

O próximo é o quinto aspecto, que é o processo superjectivo de detecção. Depois que sentimos o dado objetivo e o experimentamos, então (normalmente) projetamos os dados do que sentimos para o próprio objeto. Torna-se um processo em loop no qual somos informados pelos dados ao mesmo tempo em que projetamos a experiência individual sobre o próprio objeto, dando a cada objeto uma resposta relativamente condicionada ao campo daquilo que está sendo sentido. É nesse processo que os valores são produzidos, as emoções são criadas e as percepções evoluem, para citar apenas alguns.

Finalmente, o sexto aspecto é o processo pelo qual comunicamos nossas experiências percebidas uns com os outros. É difícil encontrar uma réplica exata da experiência de um indivíduo para o outro, porque o processo pelo qual os dados detectados são percebidos difere de pessoa para pessoa. Por exemplo, alguém poderia pensar que provar o mesmo frango seria quase idêntico de pessoa para pessoa, no entanto, sabemos que é experimentado de forma leve - ou drástica — diferente devido a diferenças biológicas, processuais e preferenciais dentro de cada pessoa.

Todos os procedimentos de detecção acima descrevem os processos básicos de produção da experiência somática dentro do estado de vigília. Esses processos podem mudar e mudam sob estados alterados, como durante o sono e experiências semelhantes a transe, em que a mente e o corpo atravessam novos territórios. As maneiras como interpretamos e experimentamos nossos sentidos em nosso corpo físico refletem a maneira como sentimos e interpretamos as atividades do Espírito. Os problemas que muitos de nós temos baseiam-se em parte no fato de termos ignorado nossos corpos por tanto tempo, o que fecha uma série de "olhos", ou ainda temos que ativar nossos órgãos específicos de estímulos sensoriais. Imagine se você viveu toda a sua vida com o nariz tapado e nunca experimentou como é cheirar. Da mesma forma, muitos de nós estão caminhando às cegas ou desligaram muitos de nossos aparelhos que estão em comunicação com o Espírito. Em suma, não tenha medo de sentir - sentir, sentir! É a base do discernimento espiritual. Até Yeshua sentiu a energia deixar seu corpo quando a mulher agarrou sua vestimenta porque ele estava muito sintonizado com seu próprio campo de energia, sabendo que algo o havia deixado. Ele não conseguiu isso vendo, mas sim sentindo.

Falando por experiência própria, eu uso meu corpo o tempo todo para sentir e perceber diferentes tipos de energia ao meu redor. Eu ouço meu corpo quando entro em uma área pela primeira vez ou quando entro em uma sala. Eu examino constantemente com minha mente por mudanças sutis ou sensações que eu possa estar sentindo, e como elas podem estar se comunicando comigo sobre algo que está acontecendo ao meu redor. Também uso meu corpo para sentir o Espírito Santo e para entrar em contato com a consciência da presença, uma vez que ela pode ser sentida fisicamente em nossos corpos. Este processo de "sentimento" era estranho para mim no início, mas, com a prática, agora me permitiu despertar minhas capacidades intuitivas e sentir os metamundos ao meu redor. Não negligencie seu corpo - deixe-o se tornar o grande recipiente para sentir que foi feito para existir.

Ao discutir o corpo, devemos primeiro reconhecer os três centros principais que são impactados e ajustados por meio da meditação com o propósito de sentir, intuir e conhecer. Esses três centros são o topo da cabeça (centro intelectual), o coração (centro da imagem intuitiva) e o estômago (centro emocional). Agora, antes de discutir os seguintes centros, devo dizer que o coração também é um centro emocional e um centro intelectual. A cabeça também é um centro de intuição, e a área do estômago também é um centro intelectual e de intuição. Não é que esses três centros funcionem principalmente dentro de um parâmetro - é simplesmente que essas são suas funções principais.

Na meditação, pode-se começar a sentir a cabeça com a mente. Como você estão lendo esta frase, pare um pouco e sinta sua cabeça. Faça isso devagar. Com sua mente, examine lentamente o topo, as laterais, a parte de trás e a frente. Tente sentir o interior e o centro direto de seu cérebro. Observe as várias sensações que surgem enquanto você faz a varredura. Se você não sentir nada, tudo bem - apenas observe esse fato e tome nota. Com o tempo, sua sensibilidade a essa área e a muitas outras do corpo começará a surgir. Novamente, pare um momento para visualizar algo. Onde você sente mais tensão ou movimentação de atividade ao visualizar uma imagem? Tome nota disso e continue lendo.

Agora, sinta a área do seu coração - como é a sensação? O que você está sentindo nesta área? O que surge em sua mente quando você concentra sua atenção naquele local? Agora, deixe uma memória positiva vir à sua mente enquanto você se concentra no coração. O que sente agora a área do seu coração? Você tem uma sensação de alegria e abertura ou sente frio e fechado? Se for o último, tudo bem; agora você sabe onde está seu coração. Se for o último, reserve alguns minutos por dia para colocar seu foco nessa área e ver o que chama sua atenção. Então fale ao seu coração e diga: "Coração, mostre-me por que você está fechado. Por que você não está sentindo? Vamos trabalhar juntos para abri-lo novamente. Por favor, mostre-me em um sonho, ou mesmo em um pensamento, a primeira coisa que você quer me mostrar. Obrigado, coração. " Novamente, comece a processar com seu corpo - ele está vivo e ouve!

Quanto ao centro emocional em sua área intestinal, respire fundo e comece a explorar essa área com sua mente. O que chama sua atenção? O que você sente? Esta é uma área poderosa da qual extrair energia, mas pode se esgotar com o estresse inconsciente que colocamos em nós mesmos todos os dias. Portanto, pare um momento para relaxar e respirar pela barriga. Deixe-o saber que você tentará estar mais consciente das emoções que carrega nessa área. Muito se pode dizer sobre esses três centros e seu funcionamento e, na verdade, poderia ser outro livro. Mas, por enquanto, essas funções operacionais são as mais essenciais para se conhecer. Recomendo que você chame a atenção para essas áreas com frequência e as examine diariamente em suas rotinas diárias de meditação.

Ativação Sensorium Somática: 5 minutos

Sente-se em silêncio por dois minutos. Respire com calma. Depois de se aquietar por mais alguns momentos, examine seu corpo com a mente. Comece com os pés e vá subindo, lentamente, até o topo da cabeça. Observe todas as diferentes tensões ou sentimentos que você tem dentro do seu corpo. Enquanto você está sentado, diga suavemente em voz alta: "Espírito Santo, mostre-me como é sentir um 'Sim' dentro do meu corpo. " Observe a si mesmo, observe como você se sente e preste atenção se houver alguma mudança sutil que você está agora sentindo-me. Agora diga de novo gentilmente: "Espírito Santo, mostre-me como é sentir um 'não' dentro do meu corpo." Novamente observe como você está se sentindo, observe quaisquer mudanças sutis e repita este processo.

*"Deixe [a prática contemplativa]
fazer o trabalho, e você será o
material sobre o qual ela trabalha;
apenas assista e deixe que seja. . .
você simplesmente seja a madeira, e
deixe que seja o carpinteiro."*

- The Cloud of Unknowing

7

O ÍNICIO DA VIDA DE ATENÇÃO PLENA E A ORAÇÃO DE CENTRAMENTO

Conforme você começa a se tornar ciente dos vários sensoriums dentro da Alma e do Corpo relacionados ao Espírito, talvez um dos primeiros aspectos que você notará são as várias atividades que ocorrem em sua mente. Este é um aspecto da vida consciente em Cristo que precisa ser abordado: a arena do campo do coração coletivo. Este campo é o lugar que precisamos cultivar para que possamos plantar as sementes adequadas em nosso ser. Dentro desse campo do coração coletivo, plantamos as sementes de seus próprios pensamentos entre aqueles aprendidos com nossos pais, sociedade, mídia, ancestrais, escola, amigos, colegas e muito mais. Ao praticar a conscientização a esse respeito, ajuda a identificar aquelas sementes dentro de um ser que precisam ser mais nutridas a fim de realmente ajudar o ser. Com o tempo, à medida que aprendemos a amadurecer as sementes adequadas de nosso ser, ocorre uma transformação em todas as áreas da autoprodução.

A maneira como cultivamos essas sementes determina a qualidade ou natureza das experiências de nosso ser. Não significa que não passará por provações ou sofrimentos, mas sim que as sementes brotam ou mostram sua verdadeira qualidade quando esses eventos ocorrem. Quanto mais transmutamos nossa amargura, raiva, ressentimento, apegos, ódio e falta de perdão em sementes de liberdade, alegria, gratidão e serenidade, mais nosso ser exalará a ecologia celestial do Espírito. A Ecologia do Espírito é uma realidade acessível a todos em cada momento, e basta um simples ajuste da mente para se concentrar em uma dessas sementes que dão vida ou um aspecto da presença Divina. A semente desta Ecologia está presente em nós por meio da mente de Cristo, que existe dentro de nós mesmos como o aspecto ungido da consciência que é totalmente amoroso, livre e entregue. Embora seja de livre acesso, deve ser realizado, cultivado e levado a um lugar de consciência para que os aspectos de sua atividade possam se tornar atualizados.

Pode-se pensar neste campo do coração como o lugar de onde extraímos seus pensamentos e para onde atraímos seus pensamentos. Se alguém está constantemente pensando negativamente, ou imaginando coisas horríveis sendo feitas a outro por raiva e ódio, isso semeia no campo do coração uma espécie de qualidade de realidade que com o tempo pode fazer com que alguém aja sobre o que está constantemente semeando. É por esta razão que a segunda carta aos Coríntios 10: 5 afirma: "Estamos destruindo as especulações e tudo o que se levanta contra o conhecimento de Deus, e estamos levando todo pensamento cativo à obediência de Cristo". Mas o primeiro passo, como vimos discutindo, é tornar-se ciente do que você está pensando, tornar-se ciente das emoções que você carrega. Pois é somente quando você começa a observar a si mesmo que você tem o poder de mudar sua mente para um momento consciente de comunhão com a mente de Cristo. Tente observar e observar o que você está pensando, dizendo e fazendo. Quando você está em tais práticas de meditação, observe, sinta, intua e, acima de tudo, não tenha medo do que você pode encontrar dentro de si. Parte disso pode ser fruto de algumas sementes ruins, mas tudo bem! A vida da Presença Divina e da Ecologia do Espírito é cada vez mais profunda ainda, e sua luz logo brilhará quando você trouxer sua consciência para dentro.

Outras maneiras pelas quais alguém pode tomar consciência de seus pensamentos são por meio de práticas espirituais cristãs tradicionais, como a oração de centramento. A oração de centramento ressurgiu na década de 1970 e ganhou popularidade em certas correntes do cristianismo nas últimas décadas. Se este caminho interessa a você e você gostaria de saber mais sobre esta prática, recomendo o maravilhoso livro de Cynthia Bourgeault intitulado *Centering Prayer and Inner Awakening*. Simplificando, a prática da oração de centramento gira em torno de um momento em que nos sentamos com plena atenção aos nossos pensamentos e aos espaços entre eles. Os praticantes constantemente trazem sua consciência de volta para um lugar tranquilo de observação. É aconselhável nunca se associar com seus pensamentos ou segui-los, mas apenas observá-los fluir. Através do ato de retornar à consciência de observar ou observar, a pessoa está "centrando-se" e permitindo que o Espírito se comunique. Com o passar do tempo, a partir deste local vigilante, o Espírito começa a emergir por meio do estado de repouso e observância.

Exercício de Oração de Centramento: 20 minutos

Encontre um lugar para sentar-se em silêncio por cerca de quinze minutos. Certifique-se de estar sentado com os pés apoiados no chão.

Gentilmente, traga sua atenção para seus pensamentos e sua mente. Observe no que você está pensando. Observe que sua mente provavelmente correndo e pensando, como na maioria das vezes. Não se associe com os pensamentos. Simplesmente sente-se e assista ao streaming. Se você se sentir sendo levado por sua pensamentos, simplesmente traga-se de volta à consciência de que está apenas observando-os. Explore seu corpo, preste atenção em como você está se sentindo, novamente não se associe a nenhum sentimento. Somente observe e retorne ao "observador" observando e sentindo.

"Não conheço nenhum outro cristianismo, e nenhum outro evangelho, além da liberdade tanto do corpo quanto da mente para exercer as artes divinas da imaginação.

Não descanso da minha grande tarefa! Para abrir os Mundos Eternos, para abrir os Olhos imortais da Humanidade.

para dentro dos mundos do pensamento; Para a eternidade, sempre em expansão. No seio de Deus, a imaginação humana".

- William Blake

8

O SENSORIUM DE IMAGENS

Os insights sobre o sensorium de imagens e suas funções, discutidos neste capítulo, vieram de um processo de dez anos de engajamento diário. Seus processos e usos são essenciais para todos os diferentes tipos de trabalho emocional, espiritual e intelectual que utilizo no dia a dia. É de vital importância que esse sensorium seja despertado e trazido à compreensão consciente, se alguém quiser se envolver em aspectos mais profundos da meditação.

O que muitos chamam de imaginação, eu chamo de sensório de imagem, que tem duas funções principais: a imaginal e a visionária. Qualquer atividade dentro do coração-mente que seja uma imagem construída ou conscientemente construída é uma atividade do imaginal, por meio do centro do coração. Em contraste, qualquer atividade experimentada ou revelada passivamente é visionária. Essas duas funções, é claro, se combinam e formam os processos que servem como veículos para a comunicação transpessoal. É a arena da mente que permite a transferência meta-noética de informações, tanto pessoais quanto cósmicas, em sensações e imagens. O sensorium da imagem não é apenas o que se faz com o coração-mente, mas também o próprio lugar de onde se tira inspiração, comunicação, transferência, transcendência, (in)scendência, visão, informação, revelação e criação. É o grande receptor dos reinos dos mundos celestiais.

Frequentemente, aqueles que usam terminologia sobre "ascensão" ou "pisar no céu" ou qualquer tipo de terminologia usada ao discutir a prática mística geralmente se referem a metodologias que requerem o uso de criação de imagens mentais criativas dentro do coração-mente. O que muitos estão ativando enquanto realizam essas atividades é o imaginal, uma vez que é o processo pelo qual alguém inscreve uma imagem ou mundo em seu coração-mente para acessar certas manifestações arquetípicas da mente coletiva ou Espírito. Por exemplo, quando alguém diz: "Vá visitar um jardim" e ele lhe dá os detalhes de sua imagem, isso utiliza os aspectos imaginários da nossa mente-coração criativa, uma vez que ela cria por meio de informações arquetípicas. Os benefícios do imaginal são fáceis de adquirir quando se mistura uma abertura passiva com ele, ou com o visionário, para que a informação reveladora flua. Se a pessoa souber como fazer isso, essa atividade se tornará benéfica em uma série de arenas de sua vida:

1. Fornece acesso consciente à mente do Divino
2. Cria um espaço para o Espírito de Jesus Cristo entrar em atividades relacionais da Alma
3. Abre a porta de oportunidade para relacionamentos angelicais

A dificuldade de usar apenas os processos imaginários é que se pode chegar a pensar que estão realmente no céu, quando na realidade estão em um mundo autocriado que flui com a presença Divina de dentro de si mesmos. Em certo sentido, este mundo está aumentando as possibilidades dimensionais aninhadas dos céus, mas o mundo familiar coletivo que chamamos de "céu" não é um espaço autocriado. É antes um mundo para o qual se flui através da abertura ao Espírito Divino. O acesso a ele só é realizado por meio da entrega ou de elevações extáticas na contemplação da Presença Divina. Não sou de forma alguma contra a criação desses espaços internos. Na verdade, são de vital importância porque atuam como espaços informacionais com os quais se interage e também se observa. Por exemplo, o imaginal pode ser usado como uma casa de discernimento porque fornece uma arena para os dados transmundo se manifestarem para a mente consciente. No processo de estruturação de um mundo imaginal, a pessoa é convidada para as misteriosas profundezas de seu próprio ser, tanto real quanto potencial.

Além disso, o imaginal é um portal para realizações profundas, cura, percepção e comunicação. Uma maneira de fazer emergir alguns desses benefícios profundos é entregar seu próprio coração-mente ao Espírito depois de entrar nesses espaços. Digamos que alguém está falando com Jesus no imaginal, isto é, você está criando a si mesmo uma imagem de Jesus em seu sensorium de imagens. Para que a informação reveladora flua, deve-se emparelhar o imaginal com os momentos passivos de conexão. Em outras palavras, deve-se aprender a suspender o coração-mente autogerado e ativo, de modo que se possa contornar a mente consciente e o ego em qualquer extensão possível. Isso permite que as palavras ou informações recebidas vão além do "diálogo interno" e, em vez disso, abre a possibilidade para a mente Divina se comunicar e se revelar através do uso de trabalhos imaginários. Isso requer que a pessoa tenha situado seu coração-mente em um lugar tranquilo, que tenha entregado o coração-mente para estar aberto para receber as palavras que são geradas espontaneamente dentro do coração-mente pelo Espírito. Novamente, a chave essencial aqui é começar a se centrar, aquietar a mente e abrir suavemente o coração para que o Espírito possa ser sentido.

O imaginal é central e uma das técnicas mais utilizadas por muitos nos novos movimentos místicos cristãos, no entanto, muitos muitas vezes não entendem o que está ocorrendo em suas práticas. Muitos desses movimentos acreditam que o processo de "entrar no céu" é uma forma de ascensão celestial e de certa forma pode ser, pois a fé gerada naquele momento desencadeia a atividade e a presença do Espírito. No entanto, se alguém quiser trabalhar apenas a partir do local do imaginal, recomendo que se gaste muitas horas de foco intencional com suas imagens, porque quando uma imagem é mantida no olho da mente ou gravada no sensório da imagem por longos períodos do tempo, inspiração, revelação, transformação, começam a surgir. A transferência pode se tornar tão intensa que um vínculo ou relacionamento real pode surgir e a realidade desse mundo pode se manifestar dentro do reino de nossa consciência.

Quando imaginamos ativamente a Ecologia dos Céus na imagem-sensório, estamos despertando a possibilidade humana inata e harmônica que jaz adormecida no tecido do eros do Espírito. Essas atividades atravessam o indivíduo em paisagens cósmicas arquetípicas que são habitadas pela própria matriz pessoal de personagens, tanto autocriadas quanto transpessoais, como anjos, nuvem de testemunhas e assim por diante. Esses personagens podem usar o sensorium de imagem para comunicação e transformação. Além disso, esses mundos autocriados podem funcionar como um mundo de sonho, pois podem ser destruídos instantaneamente pela própria vontade, tão rapidamente quanto foram criados. Isso faz parte da beleza e do poder das capacidades do sensorium de imagem.

Também há momentos em que devemos demolir e reconstruir seus mundos internos de acordo com a orientação inspiradora do Espírito Santo. É dentro dessa dança do espírito que se amplia o escopo de cada criação mundana. Em sua criação e sua desconstrução, de volta às águas do potencial, tais processos de assimilação e dissimulação permitem que o Espírito traga uma compreensão e união cada vez mais intensas com sua vida, amor, atividade e revelação.

Deve-se usar a ferramenta imaginal com cautela? Claro, como é o caso de qualquer ferramenta espiritual. É com essa ferramenta que alguém pode ser facilmente pego na ilusão ou fantasia, que nada mais são do que imagens inteiramente tiradas de interesses egóicos e egocêntricos. Eles não buscam inspiração além de si mesmo e ocorrem quando alguém deturpa o processo ou o mundo que vê. Se for um mundo autocriado, então é necessário simplesmente perceber que é um mundo autocriado. Se for um mundo autocriado que busca sua própria transformação, então é isso. A fantasia ocorre quando alguém embeleza, descaracteriza ou usa o que vê ou cria para ganhos de poder egóico. A fantasia também pode ocorrer devido às nossas necessidades, ou seja, sexuais, profissionais ou mesmo espirituais. Quanto à ilusão, é difícil dizer o que é delirante, pois cada pessoa carrega dentro de si uma visão parcial, a menos que sua mente esteja totalmente clara. O importante é como caracterizamos as informações. A fantasia geralmente satisfaz os desejos egocêntricos e floresce quando se busca seu próprio elogio. Mas não é exclusivamente negativo, pois tem o potencial de revelar áreas nas quais a pessoa se sente mal amada ou desvalorizada, o que oferece uma oportunidade de conscientização e integração. Também pode se mostrar como um local inconsciente para pacificar mentalmente necessidades, que podem ser motivadas por traumas ou falta de clareza da Presença. Além disso, pode ser um tipo de espaço de autocomunicação ou autorreflexão onde se tem um vislumbre de suas necessidades mentais e emocionais. Às vezes, uma vez pode conscientemente atrair a si mesmo para a fantasia, a fim de construir confiança ou para ver as áreas em que suas tendências negativas precisam ser abordadas. Também é possível entrar neste espaço a fim de manter uma visão esperançosa e declarativa de sua vida vitoriosa sem ser puramente fantástica.

A maneira mais eficiente de "ascender", "(in) scend" ou mover-se para mundos não criados por nós mesmos é entrar em atividade visual. A visão é o processo no qual a pessoa se recosta e observa o desenvolvimento da mente. Quando a maioria das pessoas fecha os olhos, não vê nada além de escuridão ou talvez algumas manchas de cor aqui e ali. Em seguida, muitas vezes ficam inquietos e começam a criar imagens em sua cabeça, como uma biblioteca ou uma grande cidade, e depois vão explorar. Novamente, isso é absolutamente bom, mas deve-se estar ciente de que eles estão entrando em um centro de informação arquetípico, que certamente tem a capacidade de fluir com a presença Divina. Em contraste, sentar e esperar ou agitar a mente por meio de uma adoração extática e focada não é fácil imediatamente. Requer foco, disciplina e vontade de avançar. O que ocorre, no entanto, quando alguém finalmente rompe o limiar, são vistas e mundos além da imaginação que começam a inundar o olho interno da mente. Nesses momentos, basta dar um passo para trás, relaxar e observar. Pode ser difícil não querer se intrometer e desviar o processo com sua própria vontade, embora às vezes ele se abra para isso. Eu recomendo, entretanto, que quando isso ocorrer, a pessoa deve sentar e deixar a experiência visionária se desenvolver. A visão passiva ou o modelo de "estar quieto" é uma das coisas mais difíceis para os ocidentais praticarem. Em minha própria prática, achei extremamente difícil no início e demorei muitos anos para aprender a gostar. Mas se você se controlar para não se precipitar, o processo de ascensão por meio do Espírito se abrirá para você de maneiras profundamente novas.

A outra coisa contra a qual devo alertar é o apego a experiências extraordinárias. Uma das tendências que observei nos novos movimentos místicos cristãos é que muitos esperam ter experiências excepcionais e extraordinárias toda vez que vão sentar-se. O que essa expectativa irrealista produz é impaciência e desapontamento quando as imagens passivas não aparecem. Há muitos dias em que vou sentar por algumas horas e pouco ou nada incrível acontece durante esse tempo. Mas no processo e na prática em si, estou sendo tranformado e equilibrando minhas emoções e coração, e saio totalmente revigorado de estar na Presença. Se você for capaz de entender esta parte da jornada desde o início, você se livrará do fardo da decepção e do desejo de desistir. As experiências virão, garanto. E se você for paciente e se apaixonar pelo processo, realmente gostando de sentar-se na presença repousante do Espírito, você verá coisas além de qualquer coisa que você jamais poderia ter colocado em palavras. Isso significa, é claro, que se deve familiarizar-se com a experiência do silêncio. Um dos meus monges cristãos favoritos e um verdadeiro mestre no estilo de vida meditativo é Santo Isaac, um monge cristão sírio do século 7. Ele compôs as seguintes belas homilias sobre o silêncio:

> "O que regar é para as plantas é exatamente o mesmo que silêncio contínuo para o crescimento do conhecimento espiritual."
>
> "O silêncio é um mistério do futuro, mas as palavras são instrumentos deste mundo."
>
> "A verdadeira sabedoria é olhar para Deus. Olhar para Deus é o silêncio dos pensamentos."[xxvi]

Para entrar na visão, é preciso estar aberto à atividade da quietude do silêncio. À medida que a pessoa começa a mergulhar nas profundezas misteriosas da presença sempre crescente do Divino, perceberá que quanto mais fundo se vai, mais silencioso se torna. O silêncio não é uma característica do comportamento inconsciente, mas um descanso na natureza da união com Cristo. É visto no acalmar e acalmar a mente. É visto na abertura do coração para a obra do Espírito. É visto em atos altruístas de ações restaurativas. Quando você começar a entrar em silêncio, deixe-o guiá-lo até as profundezas de sua alma, onde a Fonte da Vida jorra. É aqui que se começa a contemplar a luz beatífica da presença imperecível do Espírito. Não tenha medo do silêncio nem resista ao seu surgimento, mas dê boas-vindas ao seu toque calmante para expandir a sua consciência. Aqui a visão começa a surgir, nos lembrando novamente de não nos apegarmos ao que vivenciamos. Quanto mais você se abre para o Espírito e observa passivamente, mais longas e intensas as atividades visuais dentro do sensorium da imagem podem ocorrer.

Voltando-se para as práticas de meditação, o que elas fazem por si mesmo em relação às atividades visuais e imaginárias?

- Permite que a recepção visual se intensifique com tempo e foco dedicados à criação de imagens, pode se intensificar.
- Permite sentir e reconhecer que tipo de imagem está "chegando".
- Auxilia no desenvolvimento de "detecção".
- Cria a consciência da ferramenta, ou olho, que sente sua abertura ou fechamento para entender que tipo de imagem é apresentada.
- Cria uma sensibilidade para consigo mesmo que traz consciência de quando o "eu" está gerando um momento em que estamos buscando revelação.
- Desenvolve a sensibilidade para o discernimento, que pode se tornar rápido como um reflexo ao longo do tempo, porque usa o sentimento como seu conduto principal.
- Traz uma consciência de nossos corpos sutis e suas atividades, o que nos permite usar a imaginação como uma ferramenta para navegar nessas esferas e influenciar suas ações.
- Nos leva ao silêncio, a fim de criar o recipiente para a transformação e possibilidade dentro das práticas imaginativas.
- Permite-nos acordar, ser honestos e nos ver com clareza, o que, por sua vez, nos permite ver melhor o Espírito. Como disse Yeshua: "Bem-aventurados os puros de coração, porque eles verão a Deus" (Mat. 5: 8).

Em resumo, qual é o centro do sensorium de imagens?

1. O centro para a criação de imagens (imaginal) e recepção de imagens

(visual)

2. Um dispositivo de comunicação::
   - Uma faculdade para conhecimento
   - Uma faculdade para transformação
   - Uma faculdade para criação
   - Uma faculdade para o despertar

A chave para acessar o sensorium de imagens é permitir espaço para saber quando você está projetando ou autocriando as imagens. Novamente, a autocriação não é necessariamente uma atividade negativa ou positiva do sensorium da imagem. Tanto o imaginal quanto o visual têm suas próprias funções e trabalham lado a lado. Por exemplo, ao criar com um propósito ou procurar criar uma conexão, use o imaginal. Ao buscar informações, por outro lado, tente usar o visional ou o imaginal com a passividade do visional.

Para concluir, é importante observar que essas não são funcionalidades totalmente separadas. Eles estão sempre presentes e trabalhando juntos no sensorium da imagem. Se você está procurando um encontro com Jesus e usou um processo imaginal para criar uma imagem de sua forma em seu sensorium de imagens, o próximo passo é interromper a projeção de seus pensamentos sobre Ele e, em vez disso, começar o processo de escuta por passivamente entrar em silêncio, ou a visão, e permitir que o Espírito fale. Isso leva tempo e prática, mas realmente é a chave para que o imaginal ganhe vida e se torne algo que pode circunavegar o ego. A meditação tem o potencial de sintonizar nossa percepção e consciência para nos tornarmos conscientes de quando esses certos processos estão ocorrendo dentro de nós. Permite-nos afinar este aparato para permitir que o Espírito Santo nos dê uma visão do mundo reencantado com a presença sempre viva do Divino.

Exercício Imaginal: 15 minutos

Sente-se ou deite-se, certificando-se de que está acordado e sentado direito ou de costas apoiadas no chão. Isso é para que o fluxo de energia não esteja restrito ao seu corpo. Respire fundo algumas vezes e comece a relaxar o corpo. Depois de fazer isso algumas vezes, respire fundo e imagine a luz entrando em seu coração. Novamente, depois de algumas respirações de luz dentro do seu coração, imagine que Jesus está sentado no centro do seu coração. Ele é radiante, cheio de luz e amor. A cada respiração, Jesus se torna cada vez mais brilhante e Sua luz começa a se expandir. Deixe seu corpo sentir a expansão da luz dentro de seu coração. Observe como sua mente está interagindo com isto. Continue respirando até que a luz comece a transbordar para dentro e por todo o seu corpo, cada célula. Não é necessário se esforçar, deixe fluir e se expandir. Você agora está com a Sua luz. Faça uma pausa e descanse.

"Mas qual é agora o significado da entrada de Moisés nas trevas e da visão do Divino que ele desfrutou disso?... Mas à medida que a alma progride, e por uma concentração maior e mais perfeita chega a apreciar o que é o conhecimento da verdade ou seja, quanto mais se aproxima dessa visão, e tanto mais vê que a natureza divina é invisível. Assim, deixa todas as aparências de nível de superfície não apenas aqueles que podem ser apreendidos pelos sentidos, mas todos aqueles que a própria mente parece ver, e continua aprofundando-se até que, pela operação do Espírito, penetra o invisível e o incompreensível, e é aí que vê o Divino".

- Gregory of Nyssa, Life of Moses

9

EC-STASIS APOFÁTICO

Outra prática cristã de meditação é aquela centrada no engajamento apofático. Apófase é a palavra grega para dizer "não" ou aderir a um tipo de negação. Existem dois místicos cristãos proeminentes, entre outros, que usaram esta técnica a fim de ascender ou entrar nas profundezas do Espírito. No final do século V e no início do século VI dC, Psuedo-Dionísio, o Areopagita, foi o primeiro a popularizar e chamar a atenção para essa técnica e processo de engajamento místico cristão, que mais tarde influenciou muitos dos maiores místicos e teólogos dentro da Igreja.[xxvii] O segundo principal contribuinte para esse tipo de engajamento meditativo místico foi o autor anônimo do texto medieval The Cloud of Unknowing. Conforme declarado em minha introdução, não irei desvendar todas as várias implicações desses textos e abordagens místicas neste livro. Mas para aqueles que estão interessados em explorar essas abordagens, recomendo começar com The Cloud of Unknowing e as magníficas obras místicas de Pseudo-Dionysius,

Meister Eckhart e São Gregório de Nissa.

Para mim, essa prática parecia bastante estranha nas primeiras vezes que me engajei nela. Às vezes, parecia até sacrílego e escandaloso! Mas, com persistência, comecei a testemunhar vários avanços nas maneiras como me relacionava com o Divino. Conceitualizações antigas e doentias rapidamente começaram a desaparecer em relação a como eu pensava sobre o Espírito. O que ficou claro para mim por meio dessa técnica foram as maneiras como construí minha imagem do Divino com meu próprio coração. Por meio do processo de desconstrução radical da via apofática, fui capaz de abrir novas possibilidades e conceitos do Espírito que agora me permitem não apenas me relacionar com o Divino em capacidades mais saudáveis, mas desmantelar processos de pensamento constritivos subjacentes. Como resultado, meu coração-mente foi capaz de se expandir de maneiras que eu não sabia que eram possíveis.

O método apofático opera de tal forma que nega todos os tipos de imagens e características que alguém pode anexar ao Divino.

> "E se algum pensamento surgir e continuar querendo se impor acima de você, entre você e essa escuridão, e lhe perguntar: 'O que você está procurando e o que você teria?', diga que é Deus que você teria: ' Eu o quero, eu o procuro, e nada além dele." E se você perguntar o que é esse Deus, diga que foi Deus quem te fez e redimiu, e que graciosamente te chamou para o seu amor; e dizer que você não o entende. E, portanto, diga: 'Desça', e calce o pensamento com firmeza com uma agitação de amor, mesmo que pareça a você santíssimo, e como se isso o ajudasse a buscar a Deus."[xxix]

O processo descrito é baseado na negação ou negação dos vários aspectos que alguém atribuiu ao Divino. Não é totalmente expresso de forma a remover a existência do Divino de nossos pensamentos, mas para nos lembrar que nunca temos uma imagem perfeitamente clara do Espírito. No trecho abaixo, místico medieval e contemporâneo do autor de *The Cloud*, St. Denis explica sua compreensão da apófase conforme detalhado em *The Cloud of Unknowing*:

"E então, ascendendo e começando nossas negações e negações nas mais altas coisas inteligíveis, dizemos que ele não é alma nem anjo, nem tem imaginação ou opinião ou razão ou entendimento; nem é razão ou compreensão; nem é falado ou compreendido. E - para passar dessas coisas altas por estágios intermediários para as coisas mais baixas - ele não é número, ou ordem, ou grandeza, ou pequenez, ou igualdade, ou semelhança, ou dessemelhança; nem fica de pé, nem se move, nem fica calado, nem fala. E - para voltar por estágios intermediários para as coisas mais elevadas, e terminar nossas negações no mais alto - dizemos que ele não tem poder, nem é poder, ou luz, nem vive, nem é vida, substância ou idade ou tempo, nem há qualquer contato inteligível com ele, nem ele é conhecimento ou verdade ou realeza ou sabedoria ou um ou unidade ou divindade ou bondade; nem é espírito de acordo com nosso entendimento de espírito; nem filiação, nem paternidade, nem qualquer outra coisa conhecida por nós ou por qualquer um que exista; nem é uma das coisas que não existem ou qualquer das coisas que existem; nem nenhuma das coisas que são conhecidas o conhece como ele é; nem conhece as coisas que existem como são em si mesmas, mas como são nele; nem há qualquer meio de abordá-lo pela razão ou compreensão; ele não tem nome; não há conhecimento dele; ele não é trevas nem luz, nem erro nem verdade; nem, ao todo, ele pode ser afirmado ou negado, mas quando atribuímos por afirmação ou removemos por negação alguma ou todas as coisas que não são ele mesmo, não podemos nem postular nem negá-lo, nem de qualquer forma inteligível afirmá-lo ou negá-lo . Pois a Causa perfeita e única de todas as coisas deve necessariamente carecer da possibilidade de comparação com a altura mais alta e ser, acima de tudo, postulação e negação. E sua transcendência incompreensível está incompreensivelmente acima de toda afirmação e negação."ˣˣˣ

No trecho acima, pode-se ver uma negação clara de uma série de atributos que muitas vezes são atribuídos ao Divino. E não há nada de errado com isso - este é um exercício contemplativo! Para a pessoa que nunca fez esse tipo de processo de negar todos os atributos atribuídos ao Divino, isso pode ser visto como algo extremo, abrasivo ou destruidor dos nervos. Esta abordagem não é negar a existência do Divino, mas reconhecer que a ideia do Divino - seja de amor, sabedoria ou conhecimento - está longe da realidade disso no que diz respeito à forma como é conhecido pelo Divino . É por meio desse desapego das idéias do Divino que alguém pode receber uma compreensão intensificada do Divino que substituiu suas concepções anteriores. Ele permite que a pessoa esteja constantemente em fluxo e em processo de como alguém pode perceber o Divino, de modo a não ser pego em uma concepção estática ou "ídolo". A negação cria um espaço semelhante a um útero onde o Espírito pode vir e se revelar de uma forma intensificada que teria destruído as concepções anteriores. Para alguns, uma prática como esta pode parecer instável, aquosa e caótica, mas abandonar suas concepções do Divino por um momento (lembre-se, não é para sempre - é feito na prática intencional) pode permitir que o Espírito gere um vaso aberto para a transformação que permite o surgimento de novas possibilidades criativas.

Exercício de Meditação Apofático para iniciantes: 10 minutos

Sente-se em silêncio por um momento e respire fundo algumas vezes. Traga à sua consciência uma imagem de Yeshua. Diga suavemente em voz alta: "Yeshua, eu abandono todas as ideias pré-concebidas de como você se parece fisicamente. Conduza-me à sua natureza em Espírito. " Sinta, respire e olhe para dentro. Se surgir alguma coisa, diga "Eu sei você não é totalmente isso ", deixe-o passar e diga gentilmente" Mostre-me mais ". Depois de sentar por dez minutos deixando as coisas surgirem e desaparecerem, pense em uma imagem de Yeshua em sua mente e diga: "Obrigado por me mostrar que você é muito mais do que qualquer coisa que eu poderia imaginar ou conceber."

"O Divino abaixo de você, O Divino à sua frente, O Divino abaixo de você, O Divino acima de você, O Divino dentro de você."

- São Patrício

10

ESTAR PRESENTE COM A PRESENÇA

Parte do que está faltando na prática cristã é o reconhecimento do momento ou do "agora". Este termo, é claro, encontrou seu caminho na cultura popular e se tornou uma espécie de mantra universal, mas ainda é uma verdade que, quando focada, se torna uma porta para o verdadeiro despertar para o ser. Revigora a alma e reconecta a pessoa à compreensão de que existe. Coloca a pessoa no espaço de se tornar consciente de que está viva, respirando, pensando e se movendo. Ser gentilmente lembrado desse fato permite-se reterritorizar seu estado atual ou reequilibrar seu território interno. Essa reterritorização é um "despertar" que leva a pessoa ao simples auto-reconhecimento de sua existência, beleza, fragilidade e força. Existir é algo espantoso. Evoca um número infinito de perguntas, auto-reflexões e momentos de existência indizível. E é esta reflexão, este simples aviso, que abre a porta para o influxo da presença Divina. Pois é neste momento de "agora" que flui pensado em nós como um rio que o Divino existe, permeia e intoxica nossa atividade de ser. Ela nos convida à Ecologia do Espírito, que se move e atua na presença do desenrolar do momento. Devo acrescentar que o momento que experimentamos como "agora" não é verdadeiramente o "agora", mas um simples reflexo momentâneo de um momento que passou rapidamente. Não vivemos na atomização do tempo, mas em um fluxo sempre perpétuo que está se movendo atualmente dentro dos momentos contínuos e sempre desdobrados que experimentamos como "agora".

Uma das maneiras mais fáceis de aumentar o tempo de vida é praticar estar presente no momento. Se vivemos nossas vidas diárias constantemente no piloto automático ou dentro de nossas mentes, seja no passado ou no futuro, não obtemos o benefício de estarmos presentes no momento. Em vez disso, estamos vivendo nossas vidas semelhantes ao que experimentamos em um sonho. Se vivermos assim, nunca nos tornaremos realmente reais. Isso faz com que sejamos apanhados em automações de nossas mentes que nunca nos permitem estar presentes e abertos aos momentos que vivemos. Estar vivo é primeiro reconhecer que se está vivo, seguido por tornar-se consciente da realidade daquele momento. Estar em contato com aquela presença viva no momento é finalmente começar a acordar: "Acorde, oh dorminhoco, e desperte do seu sono". Tornar-se presente permite-se entrar em contato com o corpo, as emoções, o Espírito e o fluxo da vida. Traz a mente de volta para a terra real e fora da fantasia. Trazer a mente de volta ao momento presente não é uma tarefa fácil, mas se alguém puder dedicar um tempo para puxá-la de volta, os benefícios logo surgirão quando retornar como Alma em comunhão com o Espírito.

Ao longo de nossos dias, participamos de uma série de atividades, algumas das quais não podemos deixar de fazer parte. Apenas alguns são chamados para serem monges e freiras. Então, o que devemos fazer com todas essas atividades em nossas vidas? Devemos participar do ser, não do fazer. Se você parar por um momento em sua atividade para perceber que está lá, presente e vivo, você começará a despertar do piloto automático. Por exemplo, digamos que você está cozinhando. Reserve um momento para sentir a colher de pau. Observe como ele se sente em sua mão e realmente olhe suas cores. Preste atenção a todos os detalhes dos vegetais que você está cortando. Observe realmente as diferentes quantidades de pressão necessárias para cortar cada tipo. Reserve um momento para cheirar, para cheirar verdadeiramente, o que você está cozinhando. Observe cada tipo de perfume que surge através do aroma. Se seus filhos estão correndo, observe o momento, que não será assim para sempre. Mas neste momento, suas vozes, os passos, os cheiros - eles estão todos lá, totalmente presentes. Muitos de vocês podem estar dizendo: "Sim, sim! Eu fiz isso! Tive momentos como este em minha vida em que disse 'Sempre vou me lembrar desse momento.' "Esse é realmente o momento em que você começou a despertar do piloto automático e realmente se tornou presente no momento. Na verdade, muitas das nossas memórias são momentos em que estivemos totalmente presentes. A verdade é que podemos viver agora como vivemos nestes momentos fugazes, despertando novamente e novamente.

No dia a dia, temos tarefas, pessoas para visitar, barulho, trabalho, deslocamento e entretenimento que prendem nossa atenção, energia e presença. Nada disso é inerentemente ruim, mas simplesmente uma condição de nosso mundo nesta época e uma parte da música e da dança de nossa encarnação nesta era. Todas as ocupações tornam difícil para alguém entrar no fluxo de desacelerar, ficar quieto e se abrir para o Espírito. Por causa disso, nossas mentes estão constantemente correndo e raramente respiramos para simplesmente estar presentes e abertos para o momento em que vivemos. Pode ser difícil parar, olhar para o céu, abrir nossos corações para a gratidão e ficar quietos por apenas um momento. Apesar de todas essas dificuldades, se pudermos começar a desenvolver um despertador interno ou uma campainha para nos despertar para o momento algumas vezes por dia - figurativamente ou literalmente - começamos a aprofundar nosso senso de contato com nós mesmos, a terra, nosso coração, nossa família e o Espírito.

Como já retornamos muitas vezes ao longo deste guia, o livro dos Salmos destaca essa realidade em sua declaração: "Fique quieto e saiba que eu sou Deus" (Salmo 46:10). Por meio de nossa prática de quietude e da mudança de nosso foco para a presença do Espírito que está sempre presente no aqui e agora, começamos a reconfigurar nossa consciência e olhar para o Divino. Com o tempo, essa reconfiguração começa a reestruturar nossos padrões de pensamento, comportamento, emoções e visão geral do mundo. Que melhor momento para despertar nosso senso de conexão com o mundo e o dom da vida que todos recebemos do que agora?

É importante notar que nosso movimento em direção à presença no presente nem sempre será fácil ou mesmo nos levará a emoções positivas. Podemos sentir uma dor profunda ou angústia, ou sentir a necessidade de um choro catártico. Pode ser difícil para muitos indivíduos, especialmente se eles enterraram muitas de suas emoções para sobreviver, ou por medo e o desejo de evitar todos os tipos de dor. Mas, quando alguém está presente, é confrontado com os medos, dores e todas as coisas que varreu para debaixo do tapete. Pode ser opressor, com certeza, mas eu prometo que em um curto espaço de tempo, por meio da meditação, contemplação e adoração presente conscientemente, alguém pode começar a curar e se mover para um lugar de plenitude que ecoa os lugares mais profundos do amor interior enquanto nós carregamos nossos inchaços, hematomas e cicatrizes. Essas cicatrizes dolorosas não devem ser vistas como vergonhosas, mas reconhecidas como marcadores ou áreas de libertação em nossa jornada. Uma maneira de nos mudarmos para a totalidade ou para um lugar de cura é estarmos conscientemente presentes na Presença.

Pode-se dizer que, estar presente, está dentro de seu Eu Verdadeiro (Ser) e pode entrar na totalidade. Mas vamos perguntar: o que exatamente é totalidade?

Muitos pensam que a totalidade é a perfeição absoluta, um estado que não carrega consigo "falhas" ou imperfeições. Mas a totalidade é na verdade (w) holística e carrega consigo toda a jornada, o quebrantamento e a cura, a imperfeição e a perfeição, o lembrete de onde viemos e para onde vamos. Alguns podem perguntar: "Bem, isso não vai embora? Não quero me lembrar de onde vim. " Mas lembre-se, mesmo depois de Jesus ressuscitar dos mortos, ele ainda carregava sobre e dentro de seu corpo as marcas de sua crucificação. Os buracos ainda estavam presentes em sua carne. Seu corpo refletiu toda a sua jornada. São nossas imperfeições em nossas jornadas, histórias e processos que nos tornam únicos, inspiradores, bonitos e miraculosos.

Não consigo enfatizar o suficiente a importância de praticar a auto-reflexão ou realização e o processo de nos lembrarmos de que estamos presentes com a Presença. Sem essa prática, é improvável que eu fosse capaz de seguir em frente e progredir continuamente com minhas práticas espirituais. Isso me faz ser continuamente honesto comigo mesmo. Nem sempre é fácil, é claro, porque às vezes não sinto nada além de dor ou uma sensação de vazio. Mas, com o tempo, essa abertura gera algo verdadeiramente novo dentro de nós. Assim, conforme você entra no momento presente, abra seu coração, deixe-o curar, deixe-se sentir e saiba que o Espírito está mudando, curando e restaurando todo o seu ser.

Presente com a Presença Meditação Sentado: 20 minutes

Existem vários métodos e maneiras diferentes de entrar na prática da meditação. Para começar, deve-se buscar um local confortável, uma cadeira, sofá ou almofada. O principal objetivo é manter as costas retas, quer você esteja sentado em uma cadeira ou deitado. Depois de fazer isso, você pode começar inspirando profundamente algumas vezes. Você pode notar que sua mente está correndo e correndo - isso é normal e normal para qualquer pessoa que comece a praticar a meditação. O objetivo não é tentar parar os pensamentos, mas pausar, observar e assistir enquanto seus pensamentos passam. Observe o que você está pensando: é necessário naquele momento? Após um minuto sentado em silêncio, inspire profundamente algumas vezes. Finalmente, diga suavemente para si mesmo "Jesus Cristo" enquanto enche seu coração de gratidão por vinte minutos. Observe como seu corpo se sente quando você diz o nome, prestando atenção às pequenas mudanças que podem estar ocorrendo em seu sistema. Lembre-se de que o objetivo da meditação não é adormecer, mas tornar-se mais perceptivo, sensível e consciente. É para acalmar nossas águas para que possamos entrar nos processos transformativos e no local de comunicação.

ESTAR PRESENTE COM A PRESENÇA

"Você sabe que nossa respiração é a inspiração e a expiração do ar. O órgão que serve para isso é o pulmões que ficam ao redor do coração, de modo que o ar que passa por eles envolve o coração. Assim, a respiração é um caminho natural para o coração. E assim, tendo recolhido sua mente dentro de você, conduza-a ao canal da respiração através do qual o ar chega ao coração e, junto com este ar inalado, force sua mente a descer para o quando você entrar no lugar do coração, como eu lhe mostrei, dê graças ao Divino e, louvando sua misericórdia, continue sempre fazendo isso, e ele lhe ensinará coisas que em nenhum outro caminho você nunca vai aprender."

- Nicephorus the Solitary

11

RESPIRAÇÃO

"Este é o relato dos céus e da terra quando foram criados, no dia em que YHVH Elohim fez a terra e o céu. Ora, nenhum arbusto do campo ainda estava na terra, e nenhuma planta do campo ainda havia brotado, pois YHVH Elohim não havia feito chover sobre a terra, e não havia homem para cultivar a terra. Mas uma névoa costumava subir da terra e molhar toda a superfície do solo. Então YHVH Elohim formou o homem do pó da terra, e soprou em suas narinas o fôlego da vida; e o humano tornou-se um ser vivo (*nefesh chaya*)." Genesis 2:4-7

Ao longo dos exercícios deste livro, você pode ter notado que a respiração desempenha um papel importante em acalmar o corpo e a mente, enquanto muda a consciência para a atividade do Espírito. Na narrativa bíblica do relato da criação da humanidade em Gênesis 2, é dito que o Divino soprou no primeiro humano o fôlego da vida, tornando-o assim uma alma vivente.

Dentro da narrativa, o humano não estava vivo até que o sopro do Divino entrasse em seu corpo. A respiração ou o ar são vistos neste relato como uma das forças vitais, algo que anima e dá vida ao corpo humano. Simplificando, alguém morreria sem fôlego. Da mesma forma, assim como o ar dá vida aos corpos, o Espírito dá vida às almas. Isso nos permite ter uma experiência consciente de existência. Sem o Espírito ou uma consciência fundamental, estaríamos flutuando em um mundo de potencialidades. O Espírito, assim como a respiração, é o que torna uma pessoa real.

Em nosso corpo, temos mais de um tipo de vento ou respiração. Temos, é claro, o ar que entra e sai de nossos pulmões e também o fluxo de sangue que circula por todo o nosso sistema. Finalmente, temos os campos energéticos fluentes que se movem através de nosso sistema nervoso. Todos esses são um tipo de vento ou respiração. Cada um se move e dá vida ao nosso corpo e, sem qualquer uma dessas três atividades, a pessoa não estaria mais viva. Portanto, à medida que você se aprofunda na meditação, familiarize-se mais com sua respiração. Observe como a narina de entrada primária muda a cada duas horas ou mais. Observe o que a respiração rápida causa ao seu coração, ou a respiração lenta. Nossa mente, cérebro e corpo mudam por meio de nossos ritmos de respiração e por meio de alterações em nossa respiração, podemos mudar nossas percepções da realidade, bem como nossa sensibilidade ao Espírito.

A respiração tem sido a principal chave para desbloquear a capacidade de concentração. Quando comecei minha jornada de meditação, eu me sentava e tentava limpar minha mente. Depois de alguns minutos, eu ficava entediado, minha mente vagava e rapidamente me perdia em meus pensamentos. Depois de um tempo, porém, descobri que focar na respiração permitia que minha mente se engajasse e se concentrasse em algo enquanto eu estava sentado. Conhecer a respiração e realmente prestar atenção em suas nuances acalmou minha mente, o que permitiu que estados de descanso emergissem. Para mim, a respiração abriu estados de fluxo que permitiram maior clareza na recepção espiritual e envolvimento sincero com o Espírito. Por meio de uma simples concentração da respiração à noite, deixei meu corpo muitas vezes. Embora possa parecer um conceito extremamente básico, é incrivelmente poderoso. Devo observar aqui que existem muitas, muitas maneiras de envolver a respiração que são fundamentais para uma variedade de compromissos espirituais, como a sintonização corporal e para desbloquear metaestados de consciência. O exercício simples a seguir é um excelente lugar para começar e é fundamental e poderoso.

Meditação com a Respiração: 15 minutos

Encontre um lugar para sentar-se quieto e ereto. Agora ore suavemente em voz alta, "Espírito Santo, que eu possa me tornar ciente de você na respiração."Agora respire profundamente algumas vezes. Respire fácil e calmamente pelo nariz. Inspire por quatro segundos, segure por quatro segundos e expire por quatro segundos. Enquanto você está respirando, concentre toda a sua atenção na respiração. Observe como o ar entra e sai do seu nariz. Qual é o cheiro? Você sente o cheiro de alguma coisa? Observe a temperatura do ar ao entrar em seu nariz e observe como ela muda conforme você expira. Traga sua atenção para a respiração enquanto inspira e expira.

Se sua mente divagar, simplesmente traga sua atenção de volta para a respiração. Deixe a respiração acalmar, massagear e relaxar seu corpo. Deixe sua mente entrar lentamente em um lugar de paz e tranquilidade.

"Nenhuma criatura tem significado sem a Palavra do Divino.

A Palavra do Divino está em toda a criação, visível e invisível.

A Palavra é viva, sendo, espírito, todo verdejante, toda criatividade.

Esta Palavra brilha em cada criatura.

É assim que o Espírito está na carne – o Verbo é indivisível do Divino".

- Hildegard of Bingen

12

CONSIDERAÇÕES FINAIS

Ao longo deste livro, você encontrou várias formas e técnicas para despertar para o fluxo do Espírito interior. Se você começar a praticar os princípios básicos de auto-observação e aquietação da mente, isso abrirá amplamente as portas para a participação consciente com o Espírito. Existem, é claro, muitas outras técnicas e maneiras de meditar que este guia não discutiu. Mas, praticando pacientemente os exercícios no final de cada seção, a pessoa pode começar a ver a Ecologia do Espírito dentro de si mesma. O Espírito Santo se move, flui e está constantemente falando conosco no silêncio do nosso ser. A difícil tarefa em mãos é criar o tempo para despertar para isso. Este é o nosso chamado: ser paciente, tornar-se sensível e não ter medo de intuir as ações fluentes do Espírito. Quando o fazemos, com o tempo, ficamos cheios de alegria indescritível, êxtases, paz e conforto.

Todos esses exercícios são o início de um cristianismo emergente no mundo e, no passado, estão enraizadas em práxis místicas. Se você começar a trabalhar com essas técnicas, experiências místicas começarão a surgir. Mas, o mais importante, seu coração despertará e sua vida em Cristo começará a brilhar de novas maneiras. Use essas técnicas para revolucionar seu campo ou profissão. Deixe a revelação vir a fim de mudar o mundo para que ele possa assumir as características do céu. Lembre-se de que o seu verdadeiro Eu está enraizado no Espírito de Cristo. Sou "eu que já não vivo, mas Cristo em mim" (Gl 2:20). É neste lugar que tocamos, desencadeamos e aprofundamos nossas excursões meditacionais. Começar aqui, em um lugar de descanso, enquanto se engaja nessas várias práticas, vai abrir uma dimensão experiencial de união com Cristo que está realmente além de qualquer coisa que alguém possa colocar em palavras. Deixe que essas práticas sejam um veículo para levá-lo aos Céus e ao poço da Água Viva que repousa nas profundezas de nossos Corações.

Se você estiver interessado em um grupo de meditação semanal, onde praticamos e aprendemos uma série de fundamentos de meditação e exploramos mais técnicas em conjunto, visite **www.rooakh.com** para obter mais informações. Toda semana nos encontramos online e e nos reunimos para meditar.

Será ótimo te ver lá!

NOTAS FINAIS:

i. Veja www.aacetv8.com.

ii. Também conhecido como "experiências fora do corpo," ou EFC.

iii. Em um nível, a palavra "Espírito" engendra a ideia de que Divino em sua totalidade é Espírito em perpétuo devir (João 4:24), enquanto também afirma que aqueles que estão unidos com Cristo são um aspecto da presença corporal do Espírito (Romanos 8 :9-17) tanto na ação quanto na habitação, como um templo (1 Cor. 3:16).

iv. Peguei emprestado esse termo de A.E. Roberts. Para mais informações sobre vários procedimentos de criação de sentido, veja a publicação de sua revista,, *The Side View*.

v. Estes incluem, mas não estão limitados a:

- Uma crença em um Deus transcendente e inabalável que vive acima e além da criação. Às vezes, esse Deus é visto como algo tão perfeito que se torna totalmente estático e nunca responde ao mundo, tornando Deus totalmente não relacional. Outras vezes, Deus é retratado como um deus grego todo-poderoso sentado em um trono, esperando para atacar aqueles que pecam, criando assim uma imagem de Deus de César ou tirânica que permite que os humanos estejam "bem" com os humanos que se comportam de maneira semelhante de acordo com essa imagem "divina".

- Uma crença de que Deus não apenas conhece o futuro perfeitamente, mas que Deus orquestrou todos os eventos no mundo de acordo com Sua vontade, esmagando assim o livre-arbítrio e tornando Deus o autor de todo mal e sofrimento.

- Uma ênfase excessiva em uma visão de mundo hierárquica desconectada do céu baseada em posições de poder, agentes de influência de controle, que levaram a estruturas opressivas de domínio.

- A doutrina do pecado original e a presunção de que toda a humanidade nasce como criaturas depravadas, como proposto por Agostinho de Hipona no século IV. Sua doutrina criou uma bifurcação fundamental entre Deus e o Humano, o que levou a desvalorizar e ignorar o fato de que o Humano foi chamado de bom junto com o resto da criação em Gênesis 1.

- A doutrina da doutrina do pecado original também levou à doutrina teológica da substituição penal que enfatizava a separação inerente da humanidade de Deus. Assim, a única maneira de estar do lado bom de Deus novamente era decretar a oração do pecador, alienando assim Deus do mundo mais uma vez.

- O ensino de que milagres e apostolado terminou com a morte dos apóstolos do primeiro século, o que resultou na adoração da Bíblia e programou muitos para acreditar que o Espírito não se move ou opera no mundo hoje.
- O conceito de que Deus se manifesta inerente e exclusivamente como masculino ou masculino, o que levou a um sistema hierárquico de controle centrado no homem que enfraquece e oprime as mulheres.
- O conceito de que Deus é um homem branco, o que levou a comportamentos opressivos e destrutivos em relação a grupos indígenas e povos de cor.
- Uma ênfase excessiva no céu após a morte, que levou a más práticas de muitos no Ocidente cristão para destruir a terra e seus ambientes que dão vida.
- Leituras literais de um novo céu e terra, bem como uma obsessão com o fim do mundo, arrebatamento e ensino apocalíptico de que a criação será destruída. Isso levou a uma falta de comportamento ambiental empático e responsável, bem como de cuidado com criaturas não humanas na Terra.
- A doutrina de Lutero do século 16 da sola-scriptura, ou "somente as escrituras", que levou à idolatria da Bíblia escrita e à perda da revelação contínua encontrada no mundo através da natureza e da vida do Espírito com aqueles em Cristo . Isso levou a interpretações perigosamente estritas e literalistas dos textos que vacilam sob qualquer estudo crítico, o que causa para muitos que seguem o caminho do estudo o que alguns chamam de "crise de fé".
- A tendência protestante de ler Jesus através das palavras de Paulo, em vez de ler as cartas paulinas através das lentes da vida e dos ensinamentos de Jesus.
- Desconsideração dos processos espirituais e da vida, que levaram a uma falta de compreensão sobre a graça e seu papel em nossa vida e desenvolveram tendências hiperperfeccionistas em várias partes da igreja.
- Desvalorização das experiências místicas e das experiências espirituais em geral como veículos para a transformação do entendimento Divino do humano.
- Uma falta de compreensão da Ecologia de Deus tanto interna quanto externamente.

vi. Para mais informações sobre a história e as estruturas do misticismo judaico, veja as obras de Gershom Scholem, Moshe Idel, Rachel Elior, Pinchas Giller, e Daniel Matt.

vii. Flipenses 2:7, Hebreus 2.

viii. Quando menciono a alma ao longo deste livro, não a considero uma "substância" imutável ou mesmo algo que se possui, mas sim a atividade de vida que gera o devir. À medida que o Espírito se torna, a Alma se torna, como visto em Gênesis 2. Portanto, não pode ser possuído por nós mesmos, pois é a atividade da existência e da consciência.

ix. Hart, R., Ivtzan, I., & Hart, D. (2013). Mind the Gap in Mindfulness Research: A comparative account of the leading schools of thought. Review of General Psychology,

17, 453-466.

x. Speca, M., Carlson, L. E., Goodey, E. & Angen, M. (2000), "A randomized, wait-list controlled trail: the effect of a mindfulness meditation-based stress reduction program on mood and symptoms of stress in cancer outpatients," Psychosomatic Medicine, 62, pp. 613-22.

xi. Low, C. A., Stanton, A. L. & Bower, J. E. (2008), "Effects of acceptance- oriented versus evaluative emotional processing on heart rate recovery and habituation," Emotion, 8, pp. 419-24.

xii. Kabat-Zinn, J., Lipworth, L., Burncy, R. & Sellers, W. (1986), "Four-year follow-up of a meditation-based program for the self-regulation of chronic pain: Treatment outcomes and compliance," The Clinical Journal of Pain, 2(3), p. 159; Morone, N. E., Greco, C. M. & Weiner, D. K. (2008), "Mindfulness meditation for the treatment of chronic low back pain in older adults: A randomized controlled pilot study," Pain, 134(3), pp. 310- 19; Grant, J. A. & Rainville, P. (2009), "Pain sensitivity and analgesic effects of mindful states in zen meditators: A cross-sectional study," Psychosomatic Medicine, 71(1), pp. 106-14.

xiii. Davidson, R. J., Kabat-Zinn, J., Schumacher, J., Rosenkranz, M., Muller, D., Santorelli, S. F., Urbanowski, F., Harrington, A., Bonus, K. & Sheridan,

xiv. J. F. (2003), "Alterations in brain and immune function produced by mindfulness meditation," Psychosomatic Medicine, 65, pp. 567-70.

xv. Hart, R., Ivtzan, I., & Hart, D. (2013). Mind the Gap in Mindfulness Research: A comparative account of the leading schools of thought. Review of General Psychology, 17, 453-466.

xvi. Ivanowski, B. & Malhi, G. S. (2007), "The psychological and neurophysiological concomitants of mindfulness forms of meditation," Acta Neuropsychiatrica, 19, pp. 76-91; Shapiro, S. L., Oman, D., Thoresen, C. E., Plante, T. G. & Flinders, T. (2008), "Cultivating mindfulness: effects on well-being," Journal of Clinical Psychology, 64(7), pp. 840-62; Shapiro, S. L., Schwartz, G. E. & Bonner, G. (1998), "Effects of mindfulness-based stress reduction on medical and premedical students," Journal of Behavioral Medicine, 21, pp. 581-99; Siegel, D. Mindsight: The New Science of Transformation (New York; Random House, 2010).

xvii. Fredrickson, B. L. & Joiner, T. (2002), "Positive emotions trigger upward spirals toward emotional well-being," Psychological Science, 13, pp. 172-5; Fredrickson, B. L. and Levenson, R. W. (1998), "Positive emotions speed recovery from the cardiovascular sequelae of negative emotions," Cognition and Emotion, 12, pp. 191-220; Tugade, M. M. & Fredrickson, B. L. (2004), "Resilient individuals use positive emotions to bounce back from negative emotional experiences," Journal of Personality and Social Psychology, 86, pp. 320-33.

xviii.   Veja, Dr. Danny Penman's Mindfulness an Eight-Week Plan for Finding peace in a Frantic World, por mais informação, p.5-6

xix.   A palavra "ritual" foi castigada pelos protestantes americanos, pois carrega noções de repetição, prática e rotina, ou seja, as qualidades que eles rejeitam dentro do catolicismo. No entanto, essa rejeição jogou o bebê completamente fora com a água do banho e propagou uma rebelião sutil contra a noção de prática ritualizada por completo. Como conceito, o ritual é o que facilita a sacralidade ordenada, assim como o sulco em um disco ou uma vala de irrigação. Eles mantêm e produzem uma espécie de memória energética que pode ser infundida com o Espírito Divino. Quando cheios de intenção e amor, os rituais podem se tornar um dos aspectos mais bonitos de nossas jornadas espirituais.

xx.   Obviamente, há exceções a isso, principalmente os Quakers.

xxi.   Isso é um pouco semelhante aos exercícios espirituais criados por Santo Inácio de Loyola no século XVI dentro da tradição jesuíta.

xxii.   Kaplan, *Jewish Meditation*, 41.

xxiii.   Kaplan, *Meditation and the Bible*, 64-65.

xxiv.   See Pierre Hadot's *What is Ancient Philosophy?*

xxv.   Sherman, *Partakers of the Divine: Contemplation and the Practice of Philosophy*, 9.

xxvi.   ibid, 10.

xxvii.   Brock, *The Wisdom of Saint Issac the Syrian*, homilies 64, 65.

xxviii.   Embora Pseudo Dionísio tenha popularizado essa abordagem, São Gregório de Nissa foi o primeiro a introduzir amplamente essa técnica através de seu trabalho seminal *The Life of Moses*. We see this idea mentioned in Scripture, for example in John 1:18: "No one has seen or can see the Divine;" 1 Tim. 6:16: "He lives in unapproachable light;" Job 11:7-8: "His ways are unsearchable and unfathomable." xxviii. Vemos essa ideia mencionada nas Escrituras, por exemplo, em João 1:18: "Ninguém viu ou pode ver o Divino"; 1 Tim. 6:16: "Ele vive em luz inacessível"; Jó 11:7-8: "Seus caminhos são insondáveis e insondáveis".

xxix.   *The Cloud of Unknowing and Other Works* (Penguin Classics), 29.

xxx.   *The Cloud of Unknowing and Other Works (Penguin Classics)* 9.

SOBRE O AUTOR

Nos últimos oito anos, Taylor Remington cultivou e se dedicou a práticas contemplativas e meditativas centradas em Cristo. O fruto de suas experiências, percepções e estudos revelaram e refinaram tecnologias espirituais que se concentram em aspectos de sentimento, intuição e percepção, que Taylor incorpora em sua prática e ensinamentos Rooakh a fim de reintegrar o corpo, a alma, os relacionamentos e o exterior. mundo em unidade com o Espírito. Por meio dessas técnicas centradas no Espírito, Taylor orienta o indivíduo em novas experiências da vida espiritual sempre fluente em Cristo, que inevitavelmente resulta em uma paz corporificada, ou Shalom, em todas as áreas da vida de uma pessoa.

Taylor participou e serviu em várias arenas espirituais cristãs nos últimos dez anos. Ele tem um B.A. em Estudos Interculturais e um outro em estudos bíblicos pela Biola University, bem como um M.A. em Teologia e Religião pela Claremont School of Theology, onde seus estudos se concentraram nos aspectos transpessoais da experiência e do devir. Taylor estudou e serviu com o Dr. Ogbonnaya da Aactev8 International nos últimos oito anos, aprendendo e incorporando métodos cristãos e judeus de acesso ao Divino. A experiência e a especialidade de Taylor estão centradas em torno do espiritual, conforme enfatizado por meio das práticas e ideias históricas, místicas, filosóficas e teológicas da Igreja antiga, medieval e moderna. Além de seu treinamento acadêmico, Taylor é um professor certificado de Mindfulness e Meditação, bem como um professor certificado de Mindfulness Cristão.

Taylor e sua esposa Megan vivem atualmente no sul da Califórnia e gostam de passar o tempo viajando, aprendendo, lendo e assistindo aos Lakers.

Seraph Creative é um grupo de artistas, escritores, teólogos e ilustradores que desejam ver o corpo de Cristo crescer em plenitude maturidade, caminhando em sua herança como Filhos de Deus na Terra.

Assine nosso boletim informativo para saber sobre futuros lançamentos emocionantes.

Visite nosso website:

www.seraphcreative.org

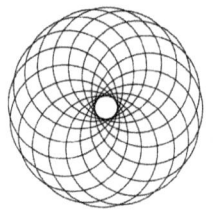

www.ingramcontent.com/pod-product-compliance
Lightning Source LLC
Chambersburg PA
CBHW050302120526
44590CB00016B/2459